THE
DISAPPEARANCE
OF
CHILDHOOD

童年的消逝

Neil Postman
［美］尼尔·波兹曼◎著

吴燕莛◎译

图书在版编目（CIP）数据

童年的消逝 /（美）波兹曼著；吴燕莛译. — 北京：中信出版社，2015.5（2024.7 重印）
书名原文：The Disappearance of Childhood
ISBN 978-7-5086-4827-9

Ⅰ.①童… Ⅱ.①波…②吴… Ⅲ.①童年社会学 Ⅳ.①C913.5

中国版本图书馆 CIP 数据核字（2014）第 224021 号

The Disappearance of Childhood by Neil Postman
Copyright © 1982, 1994 by Neil Postman
Published by arrangement with Elaine Markson Literary Agency through The Grayhawk Agency
Simplified Chinese edition copyright © 2003 Shanghai Sanhui Culture and Press Ltd.
Published by China CITIC Press
ALL RIGHTS RESERVED
本书仅限中国大陆地区发行销售

童年的消逝

著　　者：[美]尼尔·波兹曼
译　　者：吴燕莛
策划推广：中信出版社（China CITIC Press）
出版发行：中信出版集团股份有限公司
　　　　　（北京市朝阳区东三环北路 27 号嘉铭中心　邮编 100020）
　　　　　（CITIC Publishing Group）
承 印 者：河北鹏润印刷有限公司

开　　本：880mm×1230mm　1/32　　印　张：7.25　　字　数：153 千字
版　　次：2015 年 5 月第 1 版　　　　印　次：2024 年 7 月第 36 次印刷
京权图字：01-2014-8125
书　　号：ISBN 978-7-5086-4827-9
定　　价：55.00 元

版权所有·侵权必究
凡购本社图书，如有缺页、倒页、脱页，由发行公司负责退换。
服务热线：010-84849555　　服务传真：010-84849000
投稿邮箱：author@citicpub.com

献给雪莉

不得不眼睁睁看着儿童的天真无邪、可塑性和好奇心逐渐退化,然后扭曲成为伪成人的劣等面目,这是令人痛心和尴尬的,而且尤其可悲。

尼尔·波兹曼

专家媒体推荐

波兹曼在媒体研究领域是一位巨人,地位仅次于马歇尔·麦克卢汉。

——安吉拉·佩妮,"抨击杂志"

波兹曼在麦克卢汉结束的地方开始,他用学者的渊博与说书人的机智构筑了他的见解。

——《基督教科学箴言报》

尼尔·波兹曼在《童年的消逝》一书中,运用他对心理学、历史学、语义学和麦克卢汉学说的深刻见解以及常识,非常有说服力地阐述了一个触目惊心且颇具独创的论题。这本书读起来也很有趣。

——维克托·纳瓦斯基,哥伦比亚大学教授

波兹曼审视了童年在当代美国文化中四面楚歌的状况。

——《出版人周刊》

波兹曼的每本书都是一本小册子，一本装了封皮的随笔：《童年的消逝》讽刺美国文化的幼稚化；《娱乐至死》讽刺娱乐业，以及娱乐业对观众造成的影响……他的知识分子姿态，他在公众环境中的表现，以及他伟大的天赋——极好的幽默，实质是一个开化人类在一个野蛮世纪进行的尝试，之后成了一个开化人在电视文化中的尝试。

——杰伊·罗森，纽约大学教授

我时常想起萧伯纳著名的诗句，理智的人适应环境，而世上所有的进步都仰赖不理智的人。麦克卢汉是不理智的，兰斯是不理智的，尼尔也是不理智的。因为这样，所有美好的事才发生了。

——保罗·莱文森，福特汉姆大学教授

尼尔·波兹曼的逝世给公共话语带来了某些寂静。一位博学的批评者，一位严谨的反对者，一位跟奔涌的发展唱反调的人，沉默了。回顾他令人惊叹的事业，你会发现他所做的每一件事的核心都是一连串问题……他希望你去思考，字母表如何改变了口语文化，印刷媒体给宗教造成了什么样的影响，教育如何创造了童年，为何对标准的测试意味着对学校系统的激进反思。

——彼得·卡瓦纳，《环球邮报》

尼尔·波兹曼是一位传承伟大纽约传统的不可思议的讲述者……正如他说的故事一样，尼尔·波兹曼投入了一生来让我们停下来……他是一个和蔼谦恭的人,他绝对不会说,"我早就告诉过你了"。但是他的确告诉过我们,一次又一次,直至肺癌让他永远消声。

——约翰·齐默尔曼,《纽约邮报》

波兹曼是一个多产的作家,他在约20本书和众多的采访及文章中展现了他的思想与他的优雅。这些作品都值得阅读并深入思考,有意或无意间,你会将你读到的说给他人听。

波兹曼是看穿了皇帝新衣的孩子,他长大后,变成了擅长表达的义愤填膺的教育者和社会消费者。

——迈克尔·寇姆夫,《学院季刊》

许多他的学生——几千个吧——都觉得他更愿意选择生在18世纪,我们可以想象尼尔与那些开国元勋们闲聊着自由和民主,以及去哪找纽约最棒的金枪鱼三明治。……作为一个知识分子、一个人类学者和爱逗趣的人,尼尔准能让詹姆斯·麦迪逊为其着迷。

——保罗·塞勒,《村民报》

在波兹曼的书中,隐喻的作用一次又一次地得到体现。我们设立"尼尔·波兹曼隐喻奖"有两个目的:奖励一位纯熟使用隐喻的有天分的作者;纪念并推广波兹曼的作品,以及印刷思想。

——锐透基金会

中国当今的现实是，不但电视文化，而且印刷文化，二者共同导致了童年的消逝，因而消逝得更为彻底。

——周国平

也许，文化拯救的希望就在于人类不断的自我反省之中，在于认真聆听波兹曼式的警世危言之中。

——刘擎

目 录 CONTENTS

维塔奇书局版序言　Ⅰ
引言　001

第一部分　童年的发明

第1章　一个没有儿童的时代　007
第2章　印刷术和新成人　030
第3章　童年的摇篮期　054
第4章　童年的旅程　073

第二部分　童年的消逝

第5章　结束的开端　093
第6章　一览无余的媒介　111
第7章　成人化的儿童　132
第8章　正在消逝的儿童　158
第9章　六个问题　187

参考文献　200
译名对照表　205

维塔奇书局[1]版序言

在准备为这本已有 12 年历史的书写再版序言时，我重新熟悉了书里相当多的细节。这并非一桩苦差事，因为在我写的所有书中，唯独对这本情有独钟，但我并不想过分娇宠它。我尤其注意寻找那些无论是隐含的还是明说的，而实际证明却是错误的断言。我是想告诉读者，我犯了那些错误，并希望利用这个版本来纠正错误。无论你相信与否，我希望能发现几个大错。本书论述的毕竟是一个非常悲哀的主题，而且，由于本书对所提出的问题没有提供强有力的解决方法——实际上，完全没有解答——这就越发令人不快。如果自本书写成之日至今，童年消逝的一些趋势至少被抑制住了，或者扭转了，我会感到欢欣鼓舞。至于我曾经预言认为将要发生的事却没有发生，那些我知道将要发生的却不会发生了，这并不会给我个人或这本书带来羞耻。

正因为如此，我必须让这本书保持它在 70 年代末和 80 年代

---

[1] 维塔奇书局（Vintage Books）是纽约兰登书屋（Random House）的一家分店。本书初版于 1982 年。——译者注

初我写作时的原样。当然,我提出的那些证明童年和成年的界限正被日益破坏的例证,对年轻的读者来说会很陌生。他们不得不自己提供例证。这样的例子可以信手拈来,不胜枚举。今天所有的例子,带有几年前我想象不到的自以为是,却又极为相关。坦白地说,本书的目的在于描述童年概念的起源,它为何盛行了350年,又为何迅速地消逝。现在我重读这本书,很遗憾的是,并没有使我做出任何重大的修改。那时所发生的一切,现在仍然在发生,只是有过之而无不及。

但是,在过去的12年里,我了解了一些东西,这使得我必须在书中加入一些原来不存在的内容。我相信原来书中不会有。但是,我很高兴在此做些修改。

在过去的12年里,许多教师,从小学到中学,与他们的学生探讨书中提出的论点和根据。一些学生还写信给我,表达他们对这个问题的看法。我尤其对五六年级学生的观点感兴趣,因为他们正当其时。这个年龄的儿童不仅会饱受早来的、强加于他们的成年的影响,而且可以对这些影响进行讨论,甚至进行反思。这个年龄的学生也往往行文直率和简练,还没有被鼓励用语言来掩盖思想。例如,一个叫纳里艾拉(Nariele)的女孩儿结束她的短信时说,我的想法"稀奇古怪"。一个叫杰克(Jack)的男孩儿说:"我认为你的文章不怎么好。童年没有消逝——哈!——就这样没有啦?!"约瑟夫(Joseph)写道:"童年没有消逝,因为我们看电视,我认为一周五天上学才是荒废童年。我觉得那太过分了。童年非常宝贵，用超过半周的时间去上学，太浪费了。"蒂娜（Tina）写道："当你是孩子时，你并不需要顾虑责任的问题。孩子们应该多一些玩耍。"约翰（John）写道："我认为18岁才应该是儿童变成成年人的年龄。"帕蒂（Patty）说："我不认为一个10岁的孩子看了成人节目，就不再是儿童了。"安迪（Andy）说："大多数孩子看电视节目，知道那不是真的。"

当然，从这些评论中可以了解到许多东西，但它们给我的主要教训是儿童自身是保存童年的一股力量。那当然不是政治力量。那是一种道德力量。在这些问题上，也许我们可以称他们为"道德多数"。看起来，儿童不仅懂得他们与成人不同的价值所在，还关心二者需要有个界限；他们也许比成人更明白，如果这一界限被模糊，那么一些非常重要的东西就会随之丧失。

我忠实于本书的主题：美国文化敌视童年的概念。但是想到儿童并非如此，还是让人感到安慰和振奋的。

尼尔·波兹曼
纽约市
1994 年

引　言

　　儿童是我们发送给一个我们所看不见的时代的活生生的信息。从生物学的角度来看，任何一种文化忘却自己需要再生繁衍都是不可想象的。但是，没有儿童这样一个社会概念，文化却完全可能生存。童年不同于婴儿期，是一种社会产物，不属于生物学的范畴。至于谁是或不是儿童，我们的基因里并不包含明确的指令。人类生存的法则也不要求对成人世界和儿童世界进行区分。事实上，如果我们把"儿童"这个词归结为意指一类特殊的人，他们的年龄在 7 岁到——比如说——17 岁之间，需要特殊形式的抚育和保护，并相信他们在本质上与成人不同，那么，大量的事实可以证明儿童的存在还不到 400 年的历史。的确，如果我们完全用一个普通美国人对"儿童"这个词的理解，那么童年的存在不超过 150 年。且举个小小的例子：庆祝孩子生日的习俗，在 18 世纪的美国大多是不存在的[1]，而且，事实上，以

1　Walzer, John F. "A Period of Ambivalence: Eighteenth-Century American Childhood," in Lloyd deMause, ed., *The History of Childhood*. New York: The Psychohistory Press, 1974, 第 358 页。

任何形式准确标注孩子的年龄都是一个相对新的文化习惯，不过200年而已。[1]

再举个更重要的例子：直到1890年，美国的中学只招收7%的年龄在14岁到17岁的人。[2] 另外93%在和许多更加年幼的儿童一起从事着成人的劳动。一些儿童更是日出而作，日落而息，这在各大城市比比皆是。

然而，我们首先不能将社会事实和社会概念混为一谈。童年的概念是文艺复兴的伟大发明之一，也许是最具人性的一个发明。童年作为一种社会结构和心理条件，与科学、单一民族的独立国家以及宗教自由一起，大约在16世纪产生，经过不断提炼和培育，延续到我们这个时代。但是像一切社会产物一样，它的持久存在并不是必然的。其实，写作本书的想法起源于我个人的观察，那就是童年正在消逝，而且飞快地消逝。在接下来的章节里，我的任务，一部分是展现童年消逝的证据，证明情况的确如此，尽管我怀疑大多数读者不会要求多少说服就会相信。有关童年消逝的话题，不论我到何处演讲，不论我何时写作，听众和读者不仅没有对这个观点表示异议，而且急不可耐地从自身的经验中为我提供证据。童年和成年的分界线正迅速模糊。这个观察对

---

[1] 普拉姆（J. H. Plumb），"The Great Change in Children." *Horizon*, Vol. 13, No. 1, Winter 1971，第6页。

[2] 布尔斯廷，*The Republic of Technology*. New York：Harper & Row, 1978，第64页。

于关注它的人平淡无奇，对于不关注它的人也不置可否。不甚为人知晓的是，首先童年从何而来。至于为什么童年会消逝，就更鲜为人知了。

我相信我对这些问题有一些明白易懂的答案。它们大多是通过观察传播媒介如何影响社交过程而产生的一系列推测；尤其是印刷术如何创造了童年，电子媒介又如何使之"消逝"。换句话说，以我本人对我写本书的内容的理解，本书的主要贡献不在于断言童年正在消逝，而在于提供了一个解释这种现象何以产生的理论。因此，本书分为两个部分。第一部分主要表述"童年"这个概念的起源；具体地说，就是童年起初不需要存在，而后却发展成不可避免的存在，它们各自的传播条件是什么。第二部分将我们置身于现代时空，企图揭示从古登堡（Gutenberg）的印刷世界转换到塞缪尔·莫尔斯（Samuel Morse）的电报密码世界，这个过程使童年作为一个社会结构已经难以为继，并且实际上已经没有意义。

那么，我们能为童年的消逝做些什么？这是一个非常重要的问题，但本书将不对此进行探讨。理由是我不知道这个问题的答案。我这么说，心里既轻松又沮丧。轻松是因为我不必背负教别人如何生活的包袱。在我以前写的书里，我都冒昧地指出较有效地解决各种问题的方法。我相信这是职业教育家应该做的事。事实上，承认人类解决问题的能力与他们发现和理解问题的能力不相上下，竟是件令人愉快的事。

当然，沮丧也是出自同一个原因。不得不眼睁睁地看着儿童的天真无邪、可塑性和好奇心逐渐退化，然后扭曲成为伪成人的劣等面目，这是令人痛心和尴尬的，而且尤其可悲。但是我会这么想来安慰自己：如果不能提出防止灾难发生的方法，那么也许可以退而求其次，试图理解灾难为什么会发生，那也是有用的。

第一部分 ｜ 童年的发明

第1章

一个没有儿童的时代

在我落笔之时,十二三岁的少女正是美国收入最丰厚的模特儿。在所有视觉媒介的广告里,她们被设计成像是非常懂事、性感无比的成年人出现在大众面前,仿佛全然陶醉在色情的环境中。在看过这类比较隐晦的色情作品之后,那些还没有完全适应美国对儿童的这种新态度的人,很可能会更渴望洛丽塔的魅力和诱人的纯真。

在全美大大小小的城市里,成人犯罪和儿童犯罪之间的区别正在迅速缩小;在许多州,对两者的惩罚正变得日趋相同。在1950年至1979年间,15岁以下人口所犯的较严重的罪案率增加了110倍,或是11000%。念旧的人也许会对当今的"少年犯罪"大感不解,并不由得思念起过去。那时候,青少年逃课去学校厕所抽支烟,都被看作"问题"。

念旧的人或上了年纪的人同样会记得,过去的成人服装和儿童服装是有很大区别的。在过去的 10 年里，儿童服装业经历了巨大的变化，如今所有实用意义上的"童装"都已经消失了。尼德兰学者伊拉斯谟[1]提出过一个在 18 世纪被普遍接受的理念，即儿童和成人要求有不同形式的服装。他的主张现在却遭到成人和儿童的完全排斥。

就像形式各异的服装，过去在城镇的大街小巷上随处可见的儿童游戏也正在消失。就连"儿童游戏"这个想法也似乎正从我们的股掌之中流失。我们过去习惯于认为儿童游戏并不需要教练、裁判或观众，只要有空间和器材，儿童就可以开始玩了；游戏的目的不为别的，只图快活。然而，今天少年棒球联合会（the Little League baseball）和十二三岁的小选手橄榄球队（Pee Wee football），他们不仅由成人来监督，而且以一切可能的方式来仿效成人运动的模式。因此，他们需要裁判，需要器材。成人在边线外加油呐喊或奚落。球员们寻求的不是快活，而是名誉。现在还有谁看见 9 岁以上的孩子在玩抛接石子（Playing Jacks）、骑木马（Johnny on the Pony）、捉迷藏（Blindman's Buff）或边打球边唱歌（Ball-bouncing rhymes）这样的游戏？两位出色的英国史学家彼得和艾奥娜·奥佩（Peter and Iona Opie）专门研究儿童游戏。他们鉴定了几百项传统的儿童游戏，当今美国儿童仍然常常

1　伊拉斯谟（Desiderius Erasmus，约 1466—1536），尼德兰人文主义学者，古典文学和爱国文学研究家，《新约全书》希腊文本编订者。——译者注

玩的游戏几乎没有一种。就连两千多年前在伯里克利（Pericles）统治时期的雅典就已出现的捉迷藏，现在几乎已经完全从儿童自发的娱乐活动中消失了。[1] 儿童游戏，言简意赅地说，已成为濒于灭绝的事物。

实际上，童年也面临着同样的命运。放眼望去，人们不难发现，成人和儿童在行为举止、语言习惯、处世态度和需求欲望上，甚至身体的外表上，越来越难以分辨了。无疑，这正好说明了要求重新修订儿童合法权利的运动之所以蓬勃发展的原因。这样，儿童多多少少可以跟成人享有一样的权利。理查德·法森（Richard Farson）的著作《与生俱来的权利》（*Birthrights*）就是一例。这个运动反对强制性的义务教育。它的主要目的在于宣称，原来以为是让儿童处于一种对他们较为有利的地位，其实不过是对儿童的压制，迫使他们不能全面地参与社会活动。

在以后的章节里，我会探讨支持童年在消逝这一观点的证据。但我想在此指出，在现有的一切证据中，没有任何一个能比童年的历史已成为当前学者研究的一大产业这个事实更能说明问题。马歇尔·麦克卢汉[2]曾评论说，当一种社会产物行将被淘汰

1　Cowley, Robert. "Their Work Is Child's Play." *Horizon*, Vol. 13, No. 1, Winter 1971，第14页。

2　马歇尔·麦克卢汉（Marshall McLuhan, 1911—1980），加拿大传播学家。认为电视、计算机、电子通信等对社会学、艺术、科学、宗教等在形成其思想的风格方面会产生强烈影响；书籍注定是要消亡的。著有《理解媒介：论人的延伸》等。——译者注

时，它就变成了人们怀旧和研究的对象。仿佛要证实他的话，在过去的20年里，历史学家和社会评论家写出了大量有关童年历史的重要作品，而在1800年到1960年间，[1] 类似的作品非常少见。确实，我们也许可以公平地说，菲利普·阿里耶斯（Philippe Ariés）于1962年出版的《儿童的世纪》（Centuries of Childhood）开辟了这个领域，引发了研究童年历史的热潮。为什么发生在现在？至少我们可以说，最好的历史往往产生于一个事件完成之后，产生于一个阶段进入尾声，而另一个新的、更强劲的阶段还不可能到来的时候。历史学家通常不是来歌功颂德，而是来埋葬历史的。不管怎样，他们发现做尸体解剖要比写进度报告来得容易。

然而，即使我把社会突然热衷于记录童年历史的现象误认为是童年日渐衰亡的一种迹象，我们至少也应该心怀感激，因为终于能够找到有关童年的起源的研究资料了。这些资料使我们有可能了解童年这个概念是如何出炉的，同时可以推测它又为何面临被淘汰的危险。那么，接下来就是一个细心的读者从现有的材料中最大限度地拼凑出来的有关童年的故事。

古人究竟如何看待儿童，我们知之甚少。比方说，希腊人把

---

[1] 根据普林斯顿大学的谢尔比·卡洛姆·戴维斯（Shelby Cullom Davis）历史研究中心的主任劳伦斯·斯通教授的统计，在1971年到1976年间出版的有关童年的历史和家庭生活的重要著作和文章有900多部/篇之多。相比之下，他指出，在20世纪30年代，每年仅出版大约10部/篇学术著作和文章。

童年当作一个特别的年龄分类，却很少给它关注。有个谚语说希腊人对天底下的一切事物都有对应的词汇，但这个谚语并不适用于"儿童"这个概念。在希腊语中，"儿童"和"青少年"这两个词至少可以说是含混不清的，几乎能包括从婴儿期到老年的任何人。虽然他们的绘画没有能够流传到今天，但希腊人不可能认为替儿童作画是件值得做的事。我们自然也知道，在希腊人流传下来的塑像中，没有一尊是儿童的。[1]

在希腊浩瀚的文学作品里，可以找到有关我们所说的儿童的论述，但那些论述由于存在多种解释的可能而变得模糊不清，因此人们不可能准确地了解希腊人头脑中对"儿童"这个概念究竟如何看待。例如，希腊历史学家色诺芬（Xenophon）讲述了一个男子和年轻妻子之间的关系。她还不满 15 岁。在成长过程中，她接受的是体面的教养，"尽可能少看、少听和少提问题"。由于她也透露说母亲告诉她，她是无关紧要的，只有她丈夫才举足轻重，我们无法明确地判断我们所了解的是希腊人对女性的态度，还是对儿童的态度。我们的确知道，亚里士多德（Aristotle）

---

[1] 在《希腊方式》（*The Greek Way*）一书中，伊迪丝·汉密尔顿（Edith Hamilton）讲述了一则有关希腊画家的传说。传说表明，为男孩子作画可能并没什么不寻常：一个希腊画家展出一幅画作，画上一个男孩子拿着一串葡萄。葡萄栩栩如生，鸟飞过来啄它们。当有人夸奖画家为大师时，他回答道："如果我是大师的话，那么那男孩子应该能让鸟儿不敢靠近。"汉密尔顿小姐因此得出结论说，在希腊人心目中，任何东西都不可能跟现实一样美。葡萄要画得像葡萄，男孩子要像男孩子。但实际上，在希腊人的世界里，我们没有这类男孩子的画像——假定用我们所说的"男孩子"这个词的意思。

时代的希腊人，对杀害婴儿的行为没有任何道德或法律上的约束。尽管亚里士多德认为对这种可怕的传统应该加以限制，但他对此并没有提出强烈的反对意见。[1] 由此可见，希腊人对儿童生命的意义的看法与我们截然不同，但这个臆断有时候并不管用。被称为"历史之父"的希腊历史学家希罗多德（Herodotus）讲过不少故事。故事中表达的是一种与现代人的想法类似的态度。其中有一个故事说，10个科林斯人到一个人家去杀一个小男孩。根据神谕，那个孩子成人后会毁灭他们的城市。当他们到了这家以后，男孩的母亲以为他们只是友好拜访，便将男孩放在了其中一人的双臂中。这时男孩笑了，用我们的话来说，他的笑容捕捉住了这些人的心。因此他们就离开了，没有执行那个可怕的任务。男孩究竟有多大，这并不清楚，但显然他还小，可以被抱在成人的怀里。也许，如果他长到八九岁，那些人就会轻而易举地完成既定的任务。

然而，有一点是非常清楚的：虽然希腊人可能对童年的本质的看法模棱两可，甚至迷惑不解（用我们今天的标准来衡量），但是他们一心一意地热衷于教育。最伟大的雅典哲学家柏拉图（Plato）针对这个主题写过大量作品，光是针对如何对青年进行教育的问题就提出过不少于三个不同的方案。此外，他的一些最

1　德莫塞（Lloyd deMause），"The Evolution of Childhood," in Lloyd deMause, ed., *The History of Childhood*. New York：The Psychohistory Press, 1974，第26页。

为难忘的谈话，是探讨诸如美德和勇气是否可以被教育出来的问题。（他相信是可以的。）因此，希腊人发明了"学校"这个概念是毫无疑问的。在希腊语中，"学校"一词的意思是"闲暇"。这反映了一种典型的雅典式的信仰：他们认为闲暇时，一个文明人自然会花时间思考和学习。就连凶悍的斯巴达人，虽不像他们的邻居一样强调思考和学习，但也建立了学校。根据普鲁塔克（Plutarch）在《希腊罗马名人传》（*Lives*）里所写的利库尔戈斯[1]的一生，斯巴达人把7岁的男孩招进学校，让他们在班上共同训练和玩耍。他们也学习读书、写字。"只教一些，"普鲁塔克告诉我们，"刚够满足他们为国效力的需要。"

至于雅典人，众所周知，他们建立了各种各样的学校，其中有些成为向世界各地传播希腊文化的工具。他们有运动场，有为18岁到20岁刚成为公民的男青年开办的大学，有演说家训练学校，甚至有教认字和算术的小学。青年教师的年龄，拿小学来说吧，会比我们想象的更大（许多希腊男孩长到青春期才开始学习认字）。凡是有学校的地方，人们就会对未成年人的特殊性有某种程度的认识。

不过，人们不能理所应当地认为希腊人热衷于办学校，就意味着他们的童年概念可以和我们相提并论。即便我们把斯巴达人

1　利库尔戈斯（Lycurgus，约前390—约前324），雅典政治家和演说家，以理财有方和严惩贪污闻名。——译者注

排除在外——因为他们的管教方法在现代人看来是折磨——希腊人在如何管教未成年人方面,并不具备现代人认为是正常的同情心和理解。"对于管教儿童的方法问题,"劳埃德·德莫塞指出,"我收集的证据让我相信,在18世纪以前,有很大一部分儿童,用我们今天的话来说,是'受虐儿童'。"[1] 确实,德莫塞推测,"一百代做母亲的"被动地看着自己的婴孩承受各种苦难,因为母亲(很显然,还有父亲)缺乏同情儿童所必要的心理机制。[2] 他的这种推断很可能是正确的。当然,也有生活在今天的父母没有能力去同情儿童的,这居然是在有了儿童意识的400年之后。因此,当年柏拉图在《普罗泰戈拉》(Protagoras)里说起收拾不听话的儿童时,提出要用"恐吓和棍棒,像对付弯曲的树木一样",将他们扳直。我们可以相信这是比古老的警告——孩子不打不成器——更为原始的说法。我们同样可以相信,尽管他们有学校,尽管他们关心如何把美德传给青年,但希腊人还是会对儿童心理学或者儿童养育概念大惑不解的。

综上所述,我认为可以公平地得出结论,希腊人为我们预示了"童年"这个概念。我们常常理所当然地把许多观念的产生看作人类智力开化的结果。对于童年的诞生,我们应当感谢希腊人的贡献。他们虽然没有创造出童年,但是他们已经走得很近

---

[1] 德莫塞, "The Evolution of Childhood," in Lloyd deMause, ed., *The History of Childhood*. New York: The Psychohistory Press, 1974, 第40页。

[2] 同上,第16页。

了,以至于在 2000 年以后,当童年产生时,我们便能识别它的希腊之源。

当然,罗马人借用了希腊的教育思想,但他们发展出了超越希腊思想的童年意识。比如,罗马艺术就表现出"一种不同寻常的年龄意识,包括未成年人和成长中的孩子的意识。这种艺术表现直到文艺复兴以后才在西方的艺术中再现"。[1] 此外,罗马人开始把成长中的孩子同羞耻的观念联系起来,尽管这在现代人看来是理所应当的事。但在童年概念的演化过程中,这是非常关键的一步。而且,在探讨童年在中世纪的欧洲和现代社会衰退的问题时,我需要引证这种联系。其目的,说实在话,就是没有高度发展的羞耻心,童年便不可能存在。罗马人把握了这个精髓,值得永远受到赞扬,尽管看来他们把握的还不是全部,也不够全面。古罗马修辞学家昆体良(Quintilian)写过一篇出色的探讨教育的文章,他谴责同辈们在罗马贵族儿童面前所表现的无耻行为:

> 假如他们说话过于自由,我们感到满心欢喜;一些我们不该容忍的字眼,即便是从亚历山大的侍从官口中说出,人们还是报之以欢笑和亲吻……他们听到我们使

---

[1] 普拉姆,"The Great Change in Children." *Horizon*, Vol. 13, No. 1, Winter 1971,第 7 页。

用那些字眼,看到我们的主妇和奴仆;每一个晚宴都喧闹非凡,充斥着令人恶心的曲调,一些我们本应羞于提及的事物被呈现在他们眼前。[1]

在此,我们所面对的是一个完全现代的场景。它提出了童年定义的部分含义,即宣称童年需要回避成人的秘密,尤其是性秘密。昆体良责备成人忽略了向未成年人隐瞒这些秘密,这恰好为我们提供了解释诺贝特·埃利亚斯在他的巨著《文明的进程》中表示的看法的极好例证。他宣称我们开明文化的一个特征就是:性欲要受到严格的控制,成人须承受巨大的压力把他们的各种冲动私密化(尤其是性冲动),并且在儿童和未成年人面前,对成人的性欲望和冲动三缄其口,维护"保持缄默的密约"。[2]

当然,昆体良是一位演讲术和修辞学的教师。在我们熟知的著作里,他讲述了如何从婴儿期开始培育出一个优秀的演说家。因此,我们可以推断,他对儿童的特性的感受要比大多数与他同时代的人进步得多。尽管如此,在昆体良所表达的思想情感和已知的第一部禁止杀害婴儿的法律之间,还是可以看到一些联系的。那部法律直到公元374年才出现,比昆体良晚了

---

[1] 德莫塞,"The Evolution of Childhood," in Lloyd deMause, ed., *The History of Childhood*. New York: The Psychohistory Press, 1974, 第45页。

[2] 埃利亚斯(Norbert Elias), *The Civilizing Process: The History of Manners*. New York: Urizen Books, 1978, 第182页。

300年。[1] 但它是儿童需要保护、养育、接受教育并且免于知晓成人秘密的观念的延伸。

可是，在罗马人之后，所有这一切观念都烟消云散了。

每一个受过教育的人都知道，北方蛮族入侵后，罗马帝国跟着就灭亡了，传统文化被神秘化，欧洲随后陷入所谓的愚昧黑暗时代和中世纪。学校的教科书很好地论述了时代的变迁，不过有四点经常被忽略，而它们对童年的来龙去脉关系尤深。第一点是人的读写能力的消失。第二点是教育的消失。第三点是羞耻心的消失。而第四点是前三点所导致的后果，即童年的消逝。要理解这一后果，我们必须仔细地检讨前三点的发展情况。

为什么人的读写能力会消失？这跟从罗马帝国的衰亡到印刷机的发明之间所跨越的1000年内所有的未解之谜一样深不可测。但是，如果把它放到埃里克·哈夫洛克在《西方文化的起源》中提出的模式框架下，这个问题就迎刃而解了。"在罗马帝国崩溃后，"他问道，"为什么认识罗马字母的人越来越少，以至于后来普通百姓都停止阅读和书写，因此先前已经社会化的大众识字文化回复到事实上的工匠识字文化的状态，又一次颠倒了历史的步伐？"[2] 哈夫洛

---

[1] 德莫塞，"The Evolution of Childhood," in Lloyd deMause, ed., *The History of Childhood*. New York: The Psychohistory Press, 1974, 第28页。

[2] 哈夫洛克（Eric Havelock），*Origins of Western Literacy*. Toronto: Ontario Institute for Studies in Education, 1976, 第52页。

克提出的这个问题之所以有用,是因为他区分了"社会识字文化"和"工匠识字文化"的不同。所谓社会识字文化(social literacy),他指的是一种几乎大多数人都能够读书并且的确读书的状态。所谓工匠识字文化(craft literacy)[1],他指的是阅读的艺术局限在一些构成"抄写一族"的人,他们于是成为一个特权阶级。换句话说,如果我们定义一个识字文化(literate culture)不是基于它是否拥有一个文字系统,而是基于社会上有多少人能够识字,那么识字能力为什么会下降就很容易找到一些貌似有理的推断。

其中一种推断便来自哈夫洛克。他指出,在愚蠢黑暗时代和中世纪,字母书写的风格层出不穷,字母的形状五花八门,不易辨认。这么看来,欧洲人已经忘记了一个基本事实:如果要使识字成为一种普遍的活动,辨认(正是希腊语中用来表示识字的词)必须快速而且不假思索。也就是说,字母的形状必须一目了然,因为有关字母写作的许多不可思议的特征,其中之一就是一旦人们学会这些字母,就无须再考虑它们。它们在人的心理上消失,不会在读者和语音记忆之间形成思维障碍。如果书法只注重字形本身,或是书写模糊不清,让人费解,那么识字的主要意义已不复存在,或者更准确地说,文字已经失去了大多数民众。哈夫洛克写道:"精湛的书法技巧刺激了工匠识字文化,而后者

---

[1] craft 意指手艺、工艺。识字能力成为一些人谋生的手艺。台湾版将之译成"专家",但译者认为"工匠"在此更确切。——译者注

又助长了书法艺术求新求变,这种情况正是社会识字文化的劲敌。在黑暗时代和中世纪,希腊和罗马版字母遭遇的不幸经历足以证明这个事实。"[1] 在欧洲所发生的,简单来说,不是字母消失了,而是人们理解字母的能力丧失了。再引用一段哈夫洛克的话:"有一段时间,欧洲人的识字能力实际上回复到了跟希腊文明之前的美索不达米亚文化相似的状态。"[2]

还有一种关于读写能力之所以丧失的解释,它和前一种完全有异曲同工之妙。那就是古代纸莎草纸和羊皮纸的来源变得稀少;若不是那样的话,那么就是严酷的生活现实不允许人们花费精力去生产这些东西。我们都知道,纸张是到了13世纪才出现在中世纪欧洲的。这时,欧洲人立即开始生产纸张。不过,他们不是用手和脚这样古老的方式造纸,而是用水能驱动的工厂来造纸。[3] 中世纪一些优秀的大学纷纷建立,与之相呼应的是人们对识字又旧情复燃,这恰好跟引进纸张和生产纸张同时发生。这种巧合的出现绝非偶然。因此,几百年来,欧洲匮乏书写用的平面物品,从而造成了一种不利于社会识字文化发展的局面,这种说法看来合情合理。

---

[1] 哈夫洛克,*Origins of Western Literacy*. Toronto:Ontario Institute for Studies in Education, 1976,第65页。

[2] 同上。

[3] Gimpel, Jean. *The Medieval Machine*. New York:Holt, Rinchart & Winston, 1976.

我们同样可以推断，罗马教会并不是没有看到工匠识字文化的好处，因为它是一种能够控制数量众多而且多元化的人口的工具，也就是说，它能控制数量众多而且多元化的人民的思想、组织和忠诚。当然，教会可以提倡一种更有限的文字使用，让它的预备修士们组成一个抄写阶层，只有他们才能获得神学和知识的奥秘。即使这样做，也完全是符合教会的利益的。

但无论是什么原因，社会识字文化消失了近1000年，这是不容置疑的。没有任何解释能比一个中世纪读者劳心劳力地阅读一个文本这样的图景更能表达文字消失的含义。除极少数例外，中世纪的读者，无论年龄大小，都不会也不能像我们一样阅读。假如中世纪的人有机会看到现代读者迅速翻阅一本书的情景：悄然无声，眼球快速地转动，嘴唇完全不动，他也许会把这看作魔术表演。典型的中世纪读者阅读时跟那些倔强的一年级学生不相上下：逐字逐句，喃喃自语，高声朗诵，用手指点着每个字，并不考虑弄懂这些字的含义。[1] 而且，我这里指的还是中世纪的学者，因为大多数人是根本不读书的文盲。

这表明，当时所有重要的社会交往都是通过口头的方式面对面地进行的。巴巴拉·塔奇曼[2]告诉我们：在中世纪，"一般人

---

[1] Chaytor, H. J. *From Script to Print*. Cambridge, England: The University Press, 1945, 第10页。

[2] 巴巴拉·塔奇曼（Barbara Tuchman, 1912—1989），美国历史学家，所著《八月炮火》（1962）曾获普利策奖。——译者注

主要通过耳朵来获得知识。他们聆听公开的布道，观看神秘剧，听人们朗诵叙事诗、唱民谣和讲故事"。[1] 因此，欧洲人回到了一种人类交流的"自然"状态，一种以谈话为主、通过歌唱来强化的状态。纵观人类的历史，那正是人类办事和创造文化的方式。诚如哈夫洛克所指出的，从生物学上看，我们毕竟都是口语动物，我们的基因是为口语而设定的。另一方面，读写能力是文化熏陶的产物。[2] 对于这一点，极力倡导"高尚的野蛮人"的让－雅克·卢梭（Jean-Jacques Rousseau）一定会表示赞同。他甚至会补充说，人类若想尽可能生活得靠近自然，必须鄙视书本和阅读。在《爱弥儿》（*Emile*）一书中，卢梭告诉我们："阅读是童年的祸害，因为书本教我们谈论那些我们一无所知的东西。"

我相信，卢梭是正确的。如果人们把他的话解释为阅读是永久的童年的结束，那么，阅读就从根本上削弱了口语文化的心理基础和社会基础。因为阅读使人得以进入一个观察不到的、抽象的知识世界，它在不能阅读和能够阅读的人之间产生了分化。阅读是童年的祸害，因为在某种意义上，它创造了成年。各种各样的文献资料，包括地图、图表、合同和产权契约，收集并保存了各种有价值的秘密。因此，在文字世界里，做成人意味着有机会了解用非自然符号整理和记录下来的文化秘密。在文字世界里，

---

[1] 塔奇曼, *A Distant Mirror*. New York: Alfred A. Knopf, 1978, 第 61 页。
[2] 哈夫洛克, "The Coming of Literate Communication to Western Culture." *Journal of Communication*, Winter 1980, 第 91 页。

儿童必须变成成人。但是，在没有文字的世界里，儿童和成人之间就没有必要明确区分，因为不存在什么秘密，文化不需要提供训练就能被人理解。

诚如塔奇曼女士所指出，这就是为什么中世纪人，不论年龄大小，其行为都以幼稚为特征的原因所在。[1] 在口语世界里，成人的概念并不存在，因此，儿童的概念就更不用提了。这也是为什么所有的原始资料都表明中世纪的童年在7岁就结束了的原因所在。为什么是7岁？因为儿童在7岁时已经能够驾驭语言。他们会说而且明白成人所能说的和理解的一切。他们知道通过口舌透露的一切秘密，而他们知道这些秘密已经足够了。这种现象有助于我们解释为何天主教会指定7岁为理性的年龄，即人长到7岁时便应该明白是非的差别。这种现象也有助于我们解释为何直到17世纪，用来指代青年男性的词也可以用来指代30岁、40岁或50岁的男子，因为在法语、德语或英语里，指代7岁到16岁之间的青年男性的词并不存在。"儿童"这个词当时表达的是亲属关系，与年龄无关。[2] 然而，最重要的是，中世纪的口语文化有助于我们解释当时为何没有小学，因为人的生物结构决定人的交际能力，所以开设那样的学校是没有必要的。

当然，学校在中世纪并非完全不为人知。一些学校跟教会有

---

[1] 塔奇曼，*A Distant Mirror*. New York：Alfred A. Knopf, 1978, 第53页。
[2] 普拉姆，"The Great Change in Children." *Horizon*, Vol. 13, No. 1, Winter 1971, 第6页。

关，还有一些是私人办学。但是，中世纪完全缺乏通过初级教育来教人们读书写字，为继续学习奠定基础这样一个概念，这恰好证明了它也缺少文字教育的概念。中世纪的学习方式是口口相传的方式；它基本上是通过学徒和服务，即我们现在所说的"在职训练"来完成的。当时存在的学校的特点是，"缺乏根据题材难易程度来编排课程的分级制度，各种题材同时教授，学生年龄混杂不一和学生自由选课"。[1] 若是中世纪的孩子能去上学，他也要到了 10 岁甚至更晚才会开始。他可能住在城里的客栈，远离家人，独自生活。在他的班里发现各种年龄的成人，也是常见的事。而且他不会把自己看得跟别人有什么不同。他自然不会发现学生的年龄和他们所学的内容之间有什么联系。课上教授的内容会不断地重复，因为一直有新同学到来，他们没有听过老师先前所讲的内容。当然，那时没有女学生。只要学生们从教室纪律的约束下释放出来，在外面他们可以随心所欲，做任何想做的事。

那么，我们可以肯定地说，中世纪没有儿童成长发展的概念，也没有学习需要具备必要前提和循序渐进的概念，更没有学校教育是为进入成人世界做准备的概念。正如阿里耶斯总结的："中世纪的文明已经忘记了古人养育儿童的方法，但对现代教育又一无所知。最重要的是：它完全不懂教育为何物。"[2]

1　阿里耶斯, *Centuries of Childhood*, trans. By Robert Baldrick. New York：Random House, Vintage Books, 1962, 第 20 页。

2　同上，第 411 页。

人们一定会立即补充说，中世纪也没有羞耻的概念，至少没有现代人所理解的羞耻心。如昆体良所说，羞耻的概念部分地在于相信有秘密存在。人们可以说，成人和儿童之间的主要区别之一，就是成人知道生活的某些层面，包括种种奥秘、矛盾冲突、暴力和悲剧，这些都被认为不适宜儿童知道；若将这些东西不加区分地暴露给儿童，确实是不体面的。而在现代世界，儿童逐步走向成年，我们正把这些秘密以我们认为是心理上可以吸收的方式透露给他们。但是，只有在一个严格区分儿童世界与成人世界，并且有表达这种区别的社会公共机构存在的文化里，这种想法才是可行的。中世纪没有这种区分，因而也没有这样的社会公共机构。

中世纪的孩子身处一个以口语沟通的世界里，生活在一个跟成人一样的社会范围，没有分离机构加以限制。他们有机会接触该文化中几乎一切的行为方式。无论从哪一方面来看，一个7岁的男性都是一个男人，除了他不会做爱，不会发动战争。[1] "当然，"J·H·普拉姆写道，"那时没有分离的童年世界。儿童跟成年人做同样的游戏，玩同样的玩具，听同样的童话故事。他们在一起过同样的生活，从不分开。勃鲁盖尔（Brueghel）所描绘的粗俗的乡村节日，展示男人和女人沉迷于饮酒，在放纵的情欲驱使下公然互相触摸，孩子们在一旁和成人一道吃吃喝喝。"[2]

---

[1] 普拉姆，"The Great Change in Children." *Horizon*, Vol. 13, No. 1, Winter 1971，第6页。

[2] 同上，第7页。

勃鲁盖尔的描绘其实同时向我们展示了两点：当时的文化不能够也不情愿对儿童有任何隐瞒。这是羞耻概念的一个组成部分。另外，当时也没有16世纪为人所知的礼仪。这是羞耻概念的另一个组成部分。当时的社会并不存在一套内容翔实的礼仪可供未成年人学习。在中世纪，礼仪规则究竟有多么贫乏，现代人是很难理解的。直至1523年，伊拉斯谟才在《避难所》（Diversoria）中为我们生动地描绘了一个德国客栈：客栈里有八九十人坐在一起。他们来自社会的各个阶层，年龄各不相同。一个人在洗衣服，然后挂在炉上烘干，另一个人在桌子上清理靴子。店里有一个盆供大家来洗手，但里面的水很脏。大蒜的气味和其他各种气味四处飘逸。随时可见有人吐痰，而且吐到哪里也随心所欲。人人都大汗淋漓，因为房间里温度太高。有些人在衣服上擦鼻涕，并不转身回避。当饭被端进来时，人人都把面包伸进公用的菜里蘸一下，然后咬一口，再伸进去蘸一下。没有叉可用。人人都用手在同一个盘子里拿肉，从同一个高脚杯里饮酒，从同一个碗里喝汤。[1]

为了理解人们何以能够忍受这一切——其实，他们甚至根本不在意这些——我们必须明白，诚如诺贝特·埃利亚斯所提醒我们的："当时那些人处于一种跟我们今天完全不同的人际关系。

---

[1] 这个描述是埃利亚斯原话的意译，埃利亚斯，*The Civilizing Process：The History of Manners*. New York：Urizen Books，1978，第72页。

这不仅牵涉清楚、理性的意识程度,而且他们的情感生活也具有不同的结构和特点。"[1] 例如,他们没有像我们现在这样的私人空间的概念;他们不会对人体的某些气味或身体的功能感到不快;他们不觉得在众目睽睽之下暴露自己身体的机能有什么可耻;他们跟别人的手和嘴接触也不会反感。有鉴于此,当我们了解到中世纪并没有任何证据显示人们对婴儿进行早期的大小便训练,也就不足为奇了。[2] 也许我们会设想当时的人丝毫不避讳在儿童面前谈论性的问题,实际上事实正是如此。成人从未想过要隐瞒性冲动,不让儿童知道性秘密更是闻所未闻的。"在儿童面前,成人百无禁忌:粗俗的语言,淫秽的行为和场面;儿童无所不听,无所不见。"[3] 确实,中世纪的成人可以随意玩弄儿童的性器官,这是很常见的。在中世纪人的心目中,这种做法只是粗俗的玩乐而已。阿里耶斯评论道:"玩弄儿童的生殖器是一种广泛传播的传统……"[4] 但是在今天,这传统可以让你坐30年的牢。

没有识字文化,没有教育的观念,没有羞耻的观念,这些都是中世纪童年不存在的原因所在。当然,我们一定要考虑到当时

1　埃利亚斯,*The Civilizing Process*: *The History of Manners*. New York: Urizen Books, 1978, 第69页。

2　德莫塞,"The Evolution of Childhood," in Lloyd deMause, ed., *The History of Childhood*. New York: The Psychohistory Press, 1974, 第39页。

3　Pere de Dainville, 转引自阿里耶斯, *Centuries of Childhood*, trans. By Robert Baldrick. New York: Random House, Vintage Books, 1962, 第103页。

4　阿里耶斯, *Centuries of Childhood*, trans. By Robert Baldrick. New York: Random House, Vintage Books, 1962, 第103页。

生活条件的严酷，尤其是儿童的死亡率居高不下。这部分是因为儿童不能存活，成人不会也不能以我们视为正常的标准给予儿童那份感情的承诺。当时普遍的看法是生许多孩子，寄希望于两三个能活下来。基于这些原因，人们显然不能让自己对小辈投入太多的感情。阿里耶斯引用了一份文件中某个邻居对一个母亲说的话。这个母亲有5个孩子，当时心情烦躁得几近发狂。为了安慰母亲，邻居说："他们还没长到来烦你的时候，就会有一半甚至可能全部夭折。"[1] 直到14世纪后期，儿童才出现在遗嘱里，这恰好表明成人并不指望他们能活很久。[2] 实际上，很可能正因为如此，在欧洲有些地方，儿童被当作中性的。例如，在14世纪的意大利，人们并不记录死亡的孩子的性别。[3] 但我相信，过度地强调儿童的高死亡率，用它来解释中世纪童年这个概念不存在的原因，是错误的。在伦敦，1730年至1779年间死亡的人口中，有一半年龄在5岁以下，然而，那时英国早已有"童年"这个概念了。[4] 正如我在下一章试图阐述的，出现这种情况的原

---

[1] 阿里耶斯，*Centuries of Childhood*, trans. By Robert Baldrick. New York：Random House, Vintage Books, 1962，第38页。

[2] Burke, James. *Connections*. Boston：Little, Brown Company, 1978，第161页。

[3] 塔克（M. J. Tucker），"The Child as Beginning and End：Fifteenth and Sixteenth Century English Childhood," in Lloyd deMause, ed. *The History of Childhood*. New York：The Psychohistory Press, 1974，第231页。

[4] 平奇贝克，休伊特，*Children in English Society*, Volume II：*From the Eighteenth Century to the Children Act of 1948*. Toronto：University of Toronto Press, 1973，第300页。

因是由于印刷和社会识字文化的出现,一种新的传播环境在16世纪成形了。印刷创造了一个新的成年定义,即成年人是指有阅读能力的人;相对地便有了一个新的童年定义,即儿童是指没有阅读能力的人。在新的传播环境到来之前,婴孩期在7岁结束,成年跟着就开始了。这中间没有过渡阶段,因为没有这种需要。正因如此,所以16世纪以前没有关于养育儿童的书,关于妇女应该如何承担母亲这个角色的书也极为罕见。[1] 正因如此,儿童可以参加各种各样的仪式,包括葬礼,因为没有理由不让他们知道死亡。也正因如此,像儿童文学这样的东西当时并不存在。其实,在文学作品里,"儿童的主要角色是死亡,通常是淹死、窒息而死或遭遗弃……"[2] 也正因如此,儿科学的书根本不存在。此外,为何绘画作品一概把儿童画成微型的成人,因为儿童一旦脱离尿布,马上就穿得像成人一样,符合各自的阶级身份。成人和儿童使用的语言也别无二致。比如说,17世纪之前,没有任何资料提到儿童的专用语;而17世纪之后,儿童专用语又多得不计其数。[3] 正因如此,当时大多数儿童并不去上学,因为也没有什么要紧的东西可以传授给他们;多数儿童离开家是去干低下

---

1 塔奇曼接着说明,女性大多数被描绘成"通俗故事里的调情者、妓女、不忠的妻子,戏剧里的圣人和烈士,浪漫传奇里狂热、非法情爱的不可及的尤物"。塔奇曼,第50—51页。

2 塔奇曼,*A Distant Mirror*. New York:Alfred A. Knopf, 1978,第50页。

3 阿里耶斯,*Centuries of Childhood*, trans. By Robert Baldrick. New York:Random House, Vintage Books, 1962,第47页。

的粗活或者当学徒。

总而言之,在中世纪,童年的概念是看不见、摸不着的。塔奇曼这样总结道:"在涉及中世纪与现代社会不同的种种特点中,最引人注目的是那时候对儿童相对缺少兴趣。"[1]

此后,谁曾料到,一个来自德国美因茨的金匠,凭借一台破旧的葡萄压榨机的帮助,使童年的概念得以诞生。

---

[1] 塔奇曼, *A Distant Mirror*. New York:Alfred A. Knopf, 1978,第50页。

第 2 章

印刷术和新成人

很显然,像童年这样的概念得以产生,成人世界一定要发生变化。这种变化不仅表现在重要性上,而且一定要性质特别。具体地说,它一定要产生一个新的"成人"定义。在中世纪,曾经发生过各种社会变化,出现过一些重要的发明,例如机械钟,还有许多其他的重大事件,包括黑死病。但所有这些都不要求成人对"成人"这个概念本身进行修改。然而,在 15 世纪中叶,这样的事件的确发生了,即活字印刷术的发明。本章的目的在于阐述印刷机的发明如何创造了一个全新的符号世界,而这个符号世界却要求确立一个全新的成年的概念。就定义而言,新的成年概念不包括儿童在内。由于儿童被从成人的世界里驱逐出来,另找一个世界让他们安身就变得非常必要。这另外的世界就是众所周知的童年。

世界上至少有7个城市自称是印刷机的诞生地,每个城市都指认一个发明家。这样的争议,就其本身而言,就印证了印刷机所带来的一个最惊人的影响,即它极大地增强了人们对名声和个人成就的追求。"这并非偶然,"伊丽莎白·爱森斯坦在《作为变革动因的印刷机》中是这样评论的,"……印刷机是让人类卷入争夺优先权和竞争国家占有权的第一个发明。"[1] 为什么出现这种现象并非偶然?她指出,因为印刷使一个人说的话和写的著作得以万世流芳,从而创造了一个崭新的和普遍的自我观念。印刷机恰似一部时间机器,很容易跟 H·G·韦尔斯(H. G. Wells)的小发明一样富有影响力,让人感到好奇。像另一部了不起的时间机器——机械钟一样,印刷机捕捉住了时间,使之为人类服务,也改造了时间的观念。在这个过程中,它改变了人类对自身的认识。但是,刘易斯·芒福德[2] 认为,钟表消灭了"永恒"这个人类动态的度量和关注点,但印刷机又使"永恒"得以恢复。印刷把现在和永远连接了起来,它将个人的观点带入一个未知的王国。随着印刷机的发明,永恒的问题可以通过个人的声音获得满足,而不需要一个社会集合体。

---

[1] 爱森斯坦(Elizabeth Eisenstein),*The Printing Press As an Agent of Change*. Cambridge, England: Cambridge University Press, 1979, 第119页。
[2] 刘易斯·芒福德(Lewis Mumford, 1895—1990),美国人文学者、教师。撰有大量有关美国文学、艺术和建筑的论著,内容集中于一个主题,即共同行动可以改善生活素质。——译者注

究竟是谁发明了马镫、大弓纽扣,甚至眼镜,没人知道,因为个人成就的问题在中世纪几乎不受重视。其实,在印刷机发明之前,"作家"这个概念,用现代意义来衡量是根本不存在的。圣文德(Saint Bonaventura)为我们详细描绘过当时所谓的作家。他说,在13世纪,做书有四种方法:

> 有一种人抄写别人的作品,依样画葫芦,不做任何添加和改变,这种人仅仅被称作"抄写员"……另一种人抄写别人的作品,添加一些别人的意见,他被称作"汇编者"……另一种人既抄写别人的作品,也写自己的,但以别人的作品为主,添加一些自己的解释,他则被称作"评注者"……还有一种人既写自己的作品,也写别人的,但以自己的作品为主,加别人的是为了证实自己的看法;这种人,应该被称为"作家"……[1]

圣文德所说的不仅不是现代意义上的原创著作,而且他明确指出,他所说的"写作",在很大程度上是指把文字抄写下来的任务,正因为如此,个人的概念、高度个人化的写作活动,在抄写传统下是不存在的。每一个抄写者在抄写时不仅会抄错,而且可

---

[1] 转引自爱森斯坦, *The Printing Press As an Agent of Change*. Cambridge, England: Cambridge University Press, 1979, 第121—122页。

以随心所欲地添加、删减、澄清、更新甚至根据自己的需要对抄写的内容进行改写。就连英国《大宪章》这样珍贵的文献，虽然每年都会在英格兰各郡被通读两次，但是到了1237年，它已成为争议的焦点，原因是人们无法确定几个版本中哪一个是真的。[1]

印刷术发明之后，"谁写了什么"这个问题就变得跟"谁干了什么"的问题一样重要。后世变成了一个活的概念，哪些名字可以合法地流芳后世，是一件值得奋斗的事情。从第一章的最后一句话，你可以推断，我已经接受了一个既定的传统，即我认同约翰内斯·古登堡（Johannes Gensfleisch Gutenberg）是活字印刷术的发明者，尽管此类印刷最早的记录，其实是古登堡的搭档——约翰·富斯特（Johann Fust）和彼得·舍费尔（Peter Shoeffer）所印刷的《美因茨的诗篇》（*Mainz Psalter*）。但无论是谁真正享有所有权，无论是古登堡、劳伦斯·科斯特（Laurens Coster）、尼古拉斯·詹森（Nicolas Jenson），还是富斯特、舍费尔等等，[2] 有一点是明白无误的：当古登堡宣布他已成功地制作了一本书，且"不用芦苇、尖笔或水笔，而是靠奇妙的冲压和活字之间的一致、比例和协调……"[3] 时，他，包括其他印刷匠，并不知道他们已为社会

---

1 爱森斯坦，Eisenstein, Elizabeth. *The Printing Press As an Agent of Change*. Cambridge, England：Cambridge University Press, 1979, 第119页。

2 有关各种各样宣称所有权的全面讨论，参见巴特勒（Pierce. Butler），*Origin of Printing*. Cambridge, England：The University Press, 1945, 第88—110页。

3 转引自爱森斯坦，*The Printing Press As an Agent of Change*. Cambridge, England：Cambridge University Press, 1979, 第19页。

注入了一种不可抗拒的革命力量；他们的巧妙装置，也就是说，墙上的打印文字，正清楚地说明中世纪的末日来临了。虽然许多学者就这一事实提出了看法，迈伦·吉尔摩在《人道主义的世界》中的陈述非常直截了当地概括说："活字印刷术的发明，为西方文明史上的知识生活的状态带来了最巨大的变革……它的影响迟早会在人类活动的各个方面被感受到。"[1]

要理解那些影响是如何跟童年的起源和成长发生关系的，我们可以用哈罗德·英尼斯（Harold Innis）的学说作为指导。英尼斯强调说，传播技术的变化无一例外地产生了三种结果：它们改变了人的兴趣结构（人们所考虑的事情）、符号的类型（人用以思维的工具），以及社区的本质（思想起源的地方）。[2] 简单来说，每一部机器都代表着一个想法或各种各样想法的混合物。然而，它们首先并不是那种导致发明者构想出一部机器的想法。例如，我们无法知道，当时古登堡心里在想什么，使得他把葡萄压榨机跟图书制作联系了起来，但我们可以很有把握地推断，他毫无意愿扩大个人主义，或者就此削弱天主教会的权威。用阿瑟·凯斯特勒[3]

---

[1] 吉尔摩（Myron Gilmore），*The World of Humanism*. New York：Holt, Rinehart & Winston, 1976，第186页。

[2] 对此，詹姆斯·凯里（James Carey），伊利诺伊大学传播学院院长，在一篇未出版的论文里做过概括："加拿大传播理论：哈罗德·英尼斯学派的延伸和说明。"（"Canadian Communication Theory: Extensions and Interpretations of Harold Innis."）

[3] 阿瑟·凯斯特勒（Arthur Koestler，1905—1983），英籍匈牙利作家、记者和评论家。撰写过有关道德和政治责任等问题的作品。——译者注

的话来说,在某种意义上,所有的发明家都是梦游者。或者我们也许可以称他们为"弗兰肯斯坦"[1],而把这整个过程称作"弗兰肯斯坦综合征"(Frankenstein Syndrome),即一个人为某个特定且有限的目的创造了一台机器,可一旦机器造好之后,我们却发现——有时候令人恐怖地、常常令人不舒服地、总是让我们吃惊地发现——它有自己的主张;它不仅相当能够改变我们的习惯,而且——如英尼斯试图揭示的——还能够改变我们的思维习惯。

一部机器可以为我们提供崭新的时间概念,比如机械钟;或者空间和规模的概念,比如望远镜;或者知识的概念,比如字母;或者改善人类生物性能的可能性,比如眼镜。我们可以像詹姆斯·凯里一样大胆地说:我们可能会发现我们的意识结构被重新塑造,以便跟传播结构相匹配;[2] 我们可能会发现,我们已经成为我们所制造的东西。

技术的后果总是不可预测的,但这些后果并非总是不可避免。在许多情况下,人们创造出一个"弗兰肯斯坦式的魔鬼",当它醒来后向四周望去,发觉自己在一个错误的时间到了一个错误的地方,然后又回去倒头大睡了。在18世纪早期,盎格鲁-撒

---

1 弗兰肯斯坦(Frankensteins),著名电影怪物角色。出自1818年M·W·雪莱写的科幻小说《弗兰肯斯坦》。书中的弗兰肯斯坦是一个专攻秘术的瑞士学生,他造出了这个怪物,而最终却被他所造的这个怪物杀死。但后来弗兰肯斯坦却成了这个怪物的名字。——译者注

2 转引自詹姆斯·凯里未发表的论文。

克逊人已经有马镫可利用,可惜当时没有天才看出它那些可能的用途。法兰克人既有马镫,还有查理·马特[1]的天才,因而他们用马镫创造了一种新的战争方式,后来更不用说创造了一个全新的社会和经济制度,也就是封建制度。[2] 中国人和朝鲜人(他们在古登堡之前就发明了活字印刷术)当时可能有人,或者没人有天分看出活字印刷术的潜在价值,但他们肯定没有字母,即一个字母体系的书写方式。因此,他们的"魔鬼"又回去睡觉了,没有发挥出应有的作用。墨西哥的原住民阿兹特克人(Aztecs)发明了轮子。后来,他们把轮子安装在儿童的玩具上,就以为它的潜在价值已经耗尽了。为什么会出现这种情况,至今仍然是个谜。但无论如何,这又是一个技术未必一定向文化注入新思想的实例。

小林恩·怀特用另一个比喻来阐述这个观点。他说:"随着我们对技术史的了解日益加深,我们很清楚,新设备仅仅是为人类打开一扇门,它不会强迫人类走进去。接受还是拒绝一项发明,或者若是接受了,它的含义究竟能实现到什么程度,这些都依赖于当时的社会状况、它的领袖有没有想象力,同时也要看技

---

1 查理·马特(Charles Martel,约 688—741),法兰克王国墨洛温王朝宫相。732 年在普瓦提埃战役中打败阿拉伯人,阻止其向西欧扩张,获"马特"(意为"锤子")称号。——译者注

2 详细研究马镫对欧洲社会和经济组织的影响,参见小林恩·怀特的《中世纪的技术和社会变化》(*Medieval Technology and Social Change*)。

术项目本身的性质。"[1]

当然,就古登堡的印刷术而言,我们知道当时欧洲文化已是万事俱备,准备接受它的。欧洲不仅有 2000 年历史的字母书写系统,而且有相当丰富的手稿传统。这意味着有许多重要的文本等待印刷出版。欧洲人早就知道如何造纸,而且已经有了 200 年的历史。尽管在当时的社会,文盲很普遍,但会读会写的抄写员还是存在的,他们能教别人读书写字。13 世纪,欧洲重振学习的风气,并重新发现了传统文化的智慧,这些都刺激了人们对书籍的需求。随后,欧洲的商业发展和探险时代的开始又刺激了对新闻、耐久的合同契约、可靠和标准的地图的需求。

那么,我们可以说,在 15 世纪中期,欧洲的知识状况使得印刷术成为必需。这无疑也说明了如此多的人在同一时间、不同地方研究这个问题的事实。用怀特的比喻就是,印刷机打开了一扇欧洲文化多年来一直焦急叩响的门。当这扇门终于打开时,整个欧洲文化便蜂拥而入。

要认识印刷的一些含义,并不需要天才。在印刷机发明后的 50 年里,共印刷了 800 多万本书。到了 1480 年,共有 110 个城市拥有印刷机,它们分布在 6 个不同的国家。然而,仅意大利一国,就有 50 台印刷机。到了 1482 年,威尼斯成了世界印刷之

---

[1] 怀特(Jr. Lynn White),*Medieval Technology and Social Change*. London:Clarendon Press,1962,第 28 页。

都,而阿尔杜斯·马努提乌斯(Aldus Manutius),一个威尼斯人,很可能是当时基督教世界中最忙的印刷商。他店外的招牌显示了他用双关语的天分,也表明了他的生意状况:"若想跟阿尔杜斯说话,快,时间紧迫。"[1] 阿尔杜斯有半数的雇员是遭流放的希腊人或难民,以至于在 1515 年他去世时,每一个知名的希腊作家的作品都被翻译成意大利文,并印刷出版了。[2]

大约在阿尔杜斯去世的时候,印刷开创了第一个记者职业、第一个文学敲诈者、第一个色情作品的批量生产者,这三种身份全部集中在皮特罗·阿伦提诺(Pietro Arentino)一人身上。[3] 阿伦提诺出身低微,没有受过教育,但他本能地懂得印刷是让人出名的工具。也就是说,他发明了报纸。我们也可以把忏悔性写作(confessional writing)的起源归之于他。除个别例外,比如圣奥古斯丁(Saint Augustine)的《忏悔录》(Confessions),过去的文学传统中从未有过暴露私人生活的作品,也没有个人观点得以公开表现的既定"声音"或语气,自然也没有对想象中的、其实不存在的人群讲话的习俗。[4] 阿伦提诺从未接受过任何人的教诲

---

[1] 原文为 Time presses。Press 在此意为"紧迫",但 press 同时又有"印刷"的意思,因此阿尔杜斯巧妙地用了一个双关语。

[2] Burke, James. *Connections*. Boston: Little, Brown Company, 1978, 第 105 页。

[3] 麦克卢汉, *The Gutenberg Galaxy*: *The Making of Typographic Man*. Toronto: University of Toronto Press, 1962, 第 233 页。

[4] 爱森斯坦, *The Printing Press As an Agent of Change*. Cambridge, England: Cambridge University Press, 1979, 第 230 页。

（因为此前根本不存在这样的人），而抢先印出一连串的反教权主义的淫秽作品、诽谤性的故事、公开的指责和个人观点。所有这一切已经成为新闻传统的一部分，直到今天依然盛行不衰。他发明的"黄色"新闻和与此相应的表现风格，使他名利双收。当时他以"王公贵族的祸患"著称，是那个时代的"公民凯恩"[1]。

阿伦提诺开辟了一个崭新的文学传统。他以亲切的措辞满足了一大批无形的大众。如果说他的作品反映的是这种新文学传统肮脏的一面，那么蒙田（Montaigne）的作品则代表了较有益的一面。蒙田生于1533年，那时阿伦提诺已经41岁了。蒙田发明了一种写作风格、一种语言形式，以及一种人格面貌。通过这些手法，一个独立的个体可以沉着自信而且直言不讳地向无形的当代之人和后世之人表达意见。蒙田发明了个人随笔。就像民谣提倡公众观念一样，蒙田的随笔提倡个人主义，赞美个人历史，而不是公众历史。就它的谦逊、幽默、睿智而言，蒙田的作品不赞美公众，却只赞美他自己，赞美他的特立独行、他的怪僻和偏见。400年后，当诺曼·梅勒（Norman Mailer）写出了《自我宣传》（*Advertisements for Myself*）一书时，他只不过是在延续蒙田的传统，给它一个恰当的名称而已。这个传统就是作者自我宣传、自我暴露，作者作为个人对立于社会。麦克卢汉以其独特的方式说道："凭借

---

[1] 公民凯恩是同名美国影片中的报业巨头。——译者注

印刷,人们立即发现了方言能够广泛传播的功能。"[1] 麦克卢汉想到的不只是阿伦提诺和蒙田,他还特别提到了法国作家弗朗索瓦·拉伯雷(Francois Rabelais)。拉伯雷的自我肯定和自我歌颂的能力是举世无双的。例如,他吹嘘说他的《巨人传》(*Gargantua et Pantagruel*)在两个月内卖掉的册数要比《圣经》在10年里卖掉的都要多。[2] 由于这番话,他被指责为违反神旨和亵渎上帝。这一段插曲让人想起了不久前发生的类似事件。约翰·列侬说披头士乐队比耶稣基督更有影响,因此也遭到了严厉的谴责。问题的关键在于抄写文化是跟知识产权的概念和知识个性的概念完全背道而驰的。伊丽莎白·爱森斯坦指出:"抄写文化的状态……压制了人的自恋情结。"[3] 而印刷却使它获得解放。

在印刷激发起作家日益强烈且无须掩饰的自我意识的同时,它也在读者中创造出类似的态度,因为在印刷术发明之前,一切人际交流都发生在一定的社会环境下。甚至连阅读所采用的也是口语模式,一个读者大声朗读,其他人随后跟上。[4] 但自从有了印刷的书籍之后,另一种传统便开始了:孤立的读者和他自己的

---

[1] 麦克卢汉, *The Gutenberg Galaxy: The Making of Typographic Man*. Toronto: University of Toronto Press, 1962, 第233页。

[2] 爱森斯坦, *The Printing Press As an Agent of Change*. Cambridge, England: Cambridge University Press, 1979, 第400页。

[3] 同上,第233页。

[4] 直至19世纪,为面对公众讲话而进行训练的阅读传统依然存在。例如,《麦加菲读本》(*The McGuffey Readers*)的目的重在训练耳朵而不是眼睛。

眼睛。口腔无须再发声音，读者及其反应跟社会环境脱离开来，读者退回到自己的心灵世界。从16世纪至今，大多数读者对别人只有一个要求：希望他们不在旁边；若不行，则请他们保持安静。整个阅读的过程，作者和读者仿佛达成共谋，对抗社会参与和社会意识。简而言之，阅读成为反社会的行为。

因此，在这个过程的两端，即生产和消费，印刷创造出一种心理环境。在这种环境下，人们对个性的要求变得不可抗拒。这倒不是说印刷术创造了个人主义，而是个人主义成为一种正常的、可以接受的心理条件。列奥·洛文塔尔（Leo Lowenthal）说道："自从文艺复兴以来，关于人类本性的普遍哲学是建立在这样的构想之上的：每个个人都是离经叛道者。在很大程度上，个人的存在就在于坚持个性，反对社会的限制和规范要求。"[1]

如果说英尼斯已经洞察到一种新的传播技术改变了我们的兴趣结构，那么我们可以说，印刷给予我们自我，使我们以独特的个体来思索和谈话。而这种强化了的自我意识便是最终导致童年开花结果的种子。当然，童年并不是一夜之间产生的。它经历了将近200年的时间，才成为西方文明中看上去不可逆转的特征。假如没有每个个人本身都是重要的、人类的心灵和生命从根本上超越公众这一观念，这一切是不可能发生的。由于个性观念的发

---

[1] 列奥·洛文塔尔，*Literature and the Image of Man*. Boston：Beacon Press，1957，第41页。

展,随之而来的必然是,它也会应用在儿童身上,因此,比如说,到了18世纪,人们普遍接受儿童夭折的必然性(阿里耶斯将之称为"必要的损耗")的情况已经大部分消失。实际上,大约在16世纪末,儿童的死亡开始以各种形式表现在父母的坟墓上。也许这是个可怕的事实,但正好说明了人们越来越意识到每个人的生命都是有价值的。

然而,单有个人主义并不能产生童年。童年要求社会必须有一个将人划分为不同阶段的基础。因此,还需要另一个动因的出现。这个动因也的确出现了。由于没有更好的措辞,我暂且称它为"知识差距"(knowledge gap)。印刷机发明后的50年里,欧洲文明的传播环境明显地在逐渐瓦解,并连同其他行业一起在进行调整。在有读书能力的人和没有读书能力的人之间产生了明确的界限。后者局限于中世纪的感知力和兴趣水平,而前者则被推进一个充满新事实和新感受的世界。印刷术发明以后,可供谈论的新生事物大量增加。这些内容都在书里,或至少以印刷品的形式出现。刘易斯·芒福德是这样描述这种状态的:"印刷的书,比其他任何设备都更能把人从此时此地的控制中解放出来……印刷品使事件变得比它本身更有影响……印刷形式的存在才是真正的存在:其余的世界往往变得更虚无缥缈。学习变成了从书本中学习……"[1]

---

[1] 芒福德, *Technics and Civilization*. New York: Harcourt, Brace & World, 1934, 第136页。

书中究竟包含了什么样的信息呢？人们可以学到些什么呢？首先，有"入门工具书"（how to do it）：有关冶金学、植物学、语言学、礼仪规范，终于还有了儿科医学方面的书。托马斯·费尔（Thomas Phaire）在1544年出版的《儿童之书》（The Book of Children）一般被认为是英国人写的第一部有关儿科学的书。[意大利人保罗·巴杰拉尔多（Paolo Bagellardo）出版的一本比他更早，在1498年。] 费尔在书中建议使用出牙嚼环，并面面俱到地提出了一系列儿童可能患的"严重和危险的疾病"，包括"apostume of the brayne"（很可能是脑膜炎）、噩梦、瘙痒、眼充血、腹绞痛和肚子胀气。[1] 儿科学和礼仪书籍的出版强烈显示，在印刷机发明后不到100年的时间里，童年这个概念已经开始形成。但核心问题在于，印刷导致了我们今天所说的"知识爆炸"。要成为一个完全意义上的成人，人们需要超越习俗和原有的记忆，去探索过去不知道也不曾考虑过的世界。因为除了一般信息，如在"入门"类书和其他五花八门的指导和手册里可以找到的，在商业世界里，还有印在纸张上的、日多一日的合同、契约、期票以及地图。（毫不奇怪，在信息变得越来越标准化和可重复时，地图绘制员开始将"天堂"从他们的图表上删除，理由是

---

1 艾维·平奇贝克和玛格丽特·休伊特（Ivy Pinchbeck and Margaret Hewitt），*Children in English Society*, Volume Ⅰ：*From Tudor Times to the Eighteenth Century*. Toronto：University of Toronto Press, 1969, 第5—6页。

它的地点太不确定了。[1])

事实上,如此多的信息、如此五花八门的种类不断被生产出来,书商已不再可能用抄写的手稿来作为书的模型。到了16世纪中叶,印刷商开始实验新的出版方式,其中最重要的创新就是用阿拉伯数字来编页码。第一个为人所知的这样编页码的实例,是约翰·弗罗本[2]所出的第一版伊拉斯谟的《新约全书》(New Testament),印刷于1516年。编排页码必然导致更精确的索引、注释和相互参照。这又反过来或导致,或同时伴随着其他创新,比如标点符号、段落标题、分段、书名页和页首标题。到了16世纪末,机器制作的书已经有了一种排印格式。从外表上看,其实在功能上,都可以和今天的书媲美。在16世纪早期,书商们关心的是书籍格式的美观和效率。意大利政治家和政治哲学家马基雅维利(Machiavelli)的《头十年》(First Decennale)当时非常成功。该书的印刷商愤愤不平地抱怨这本书的一个盗版。他把那个盗印的版本描绘成"蹩脚的廉价货……破烂的装订,没有页边,很小的书名页,前后都没有扉页,歪歪扭扭的字形,有许多印刷上的错误"。[3]

在此很值得回想一下哈罗德·英尼斯提出的原则:新的传播

1　爱森斯坦, *The Printing Press As an Agent of Change*. Cambridge, England: Cambridge University Press, 1979, 第78页。

2　约翰·弗罗本(约1460—1527),瑞士巴塞尔最著名的印刷家,出版过许多学术名著,第一部出版物是1491年出版的拉丁文《圣经》。——译者注

3　Barincou, Edmond. *Machiavelli*. Westport, Conn.: Greenwood Press, 1975.

技术不仅给予我们新的考虑内容，而且给予我们新的思维方式。书籍的印刷形式创造了一种全新的组织内容的方式，从而推动了一种新的组织思想的方式。印刷书籍所具有的一成不变的线性特点——一句一句排列的序列性，它的分段，按字母顺序的索引，标准化的拼写和语法——导致一种詹姆斯·乔伊斯[1]戏称为"ABC式"的思维习惯，即一种跟排版结构非常相似的意识结构。对于印刷术的这个结果，哈罗德·英尼斯和马歇尔·麦克卢汉都用了很大的篇幅进行论述。即便像伊丽莎白·爱森斯坦这样小心翼翼的学者也相信，新兴的书籍的版式，它特有的编纂信息的方式，"有助于重新整理所有读者的思想，而不论他们从事什么职业"。[2]

人们不会怀疑把书组织成章节的形式逐渐成为公认的组织课题的方法：书籍呈现材料的形式演变成该学科的原理。爱森斯坦列举了法学领域里一个有趣并显而易见的例子。中世纪时，由于很少有老师完整地看过《法典大全》（The Corpus Juris），因此教授《法典大全》的老师既不能向学生，也不能向自己说明每一个法律的组成部分是如何跟完整的原理体系相联系的。但从1553年开始，以印刷为目的的一代法律学者着手编辑整部手稿，

---

[1] 詹姆斯·乔伊斯（James Joyce，1882—1941），爱尔兰作家，1920年起定居巴黎。代表作是长篇小说《尤利西斯》。——译者注

[2] 爱森斯坦，*The Printing Press As an Agent of Change*. Cambridge, England：Cambridge University Press, 1979，第105页。

包括重新组织各个部分，根据内容把它们归入不同的段落，以及为引文编制索引。通过这样做，他们使这部古典文献变得完全可以为读者所用了，文体上明白易懂，内在逻辑通畅。也就是说，他们彻底改造了这个学科。[1] 同样地，爱森斯坦指出："仅仅是为教授不同的学科和不同等级的课本做准备，就等于鼓励重新评审既定的步骤和重新安排对不同领域的处理方法。"[2] 换言之，同一学科往往有不同的课本，但这些课本在各部分安排的顺序上要有一致性；而确定何者为先、何者为后的过程，便是课本作者在他们的学科领域中做的改造。

与此同时，不可避免的是，16世纪的书籍的编辑非常注意书籍内在组织的清晰度和逻辑性。"对每个学科都能够按主题来处理的信条，"杰拉尔德·施特劳斯（Gerald Strauss）写道，"最好的阐述方式是通过分析来进行。出版商和编辑都非常热衷于这样的信条。"[3] 当然，他们所采纳的是一种价值观，是针对一个学科来对人类思想进行组织的最好方法。它是书籍和排版结构所固有的价值，但绝不是唯一的价值。当书法消失时，别具风格的手稿也随之消失了，不具个人色彩和可以反复使用的印字排版承

---

[1] 爱森斯坦，*The Printing Press As an Agent of Change*. Cambridge, England：Cambridge University Press, 1979，第103—104页。

[2] 同上，第102页。

[3] 转引自爱森斯坦，*The Printing Press As an Agent of Change*. Cambridge, England：Cambridge University Press, 1979，第102页。

担了一定程度的权威性。直到今天，尽管作家还是各具特性，一般人仍然倾向于相信印刷出来的东西。的确，无论印刷的书籍怎样缺少独特的个人印记，就像课本和百科全书，但是人们把印刷的书籍看作神圣不可侵犯的权威之声的潮流几乎难以抗拒。

我们这里所要说的是，排版绝不是信息的中性传递者，它导致了学科的重组，强调逻辑和清晰，并形成一种对权威信息的态度。它也导致了对文学形式的新认识，例如，散文和诗歌，就是由于其文字印刷排列上的不同而被区分开来的。当然，书页的排版结构以及印刷书籍的便于携带和可重复再版，不仅对随笔散文的产生，而且对后来以小说著称的文体的产生，都起了决定性的作用。许多早期的小说家自己本身就是印刷商，如塞缪尔·理查森（Samuel Richardson）。托马斯·莫尔爵士（Sir Thomas More）在写作人类第一部科幻小说《乌托邦》（Utopia）时，参与了印刷该书的每一阶段。所有这一切都说明，我们绝不能低估语言从耳朵转移到眼睛、从口语转移到排版这个过程对人类心理造成的撞击。能够看到自己的语言持久存在、反复印刷，而且以标准的形式出现，这使人类与语言产生了最深厚的关系。今天，我们完全生活在一个书面语言的世界里，如果没有阅读能力，我们无法处理自己的事情，因此我们很难想象拥有阅读能力在 16、17 世纪是多么的美妙和重要。具备阅读能力可以产生非常大的效力，甚至是魔力，它可以将一个人从绞刑架上拯救出来。例如，在英国，一个能从《圣经》里读一句的罪犯只会受到在拇指上打烙印的处罚；不能读的则命运截然不同："罪犯保尔能读，打上烙印处罚；罪犯威廉不能读，处以绞刑。"以上这个例子引自对两个罪犯的判刑记录。他们在1613年因抢劫苏塞克斯郡（Sussex）的公爵家而被判刑。[1]

印刷术首次使方言进入大众媒介。这个事实不仅对个人，而且对国家产生了重大影响。不容置疑，固定的视觉语言在国家民族主义的发展上起了巨大的作用。实际上，语言沙文主义恰好跟印刷的发展同时发生："母语"的观念是排版的产物。基督教新教主义也不例外。没有任何动乱像新教改革一样跟印刷有更直接、更无可争辩的联系。对于这个断言，马丁·路德的一番话是令人信服的最好例证。谈到印刷，他说，印刷术是"上帝最崇高、最无限的恩典。凭借它，上帝的福音事业可以广泛传播"。路德主义和书是分不开的。尽管路德很精明，很善于用印刷的小册子和书籍作为宗教宣传的工具，但是他有时也对印刷无可置疑的威力感到惊讶。"这对我来说始终是个谜，"他在给教皇的一封信中写道，"我的论文……是如何传播到那么多地方去的。它们原本只是针对我们当地的学术界的……我在文章中所用的语言是平民百姓几乎看不懂的。"如果路德听说过苏格拉底（Socrates）在《斐多篇》（*Phaedrus*）里表述过的有关写作的警告，也

---

[1] 斯通（Lawrence Stone），"The Educational Revolution in England, 1500—1640." *Past and Present*, No. 28, July 1964, 第43页。

许就不会如此大惑不解了。"一个字一旦被写下来,"苏格拉底说,"它就会四处滚动,态度冷漠地来到理解它的人中间和与它绝不相关的人中间。它并不知道该给谁看,不该给谁看。"那时苏格拉底并不知道印刷,否则这个问题又会复杂百倍。可以肯定的是,路德在此忽略了印刷书籍的可携带性。虽然他的论文是用学术性的拉丁文写的,但是,它们可以很容易地被运送到德国各地和其他国家,而印刷商可以轻而易举地把它们译成不同的方言。

当然,路德极力提倡用方言印刷出版书籍,同时大大利用书面语可以四处传播"不知道该给谁看"的事实。他撰写了德语版的《圣经》,因此"上帝的信息"传到了人数最多的民族中。如果在此处大谈印刷术和宗教叛乱之间诸多的相互联系,显然会使我们偏离正题,但是强调下面的事实是非常必需的,即印刷使得上帝的信息跑到了每家每户的餐桌上,而且用的是一种人人都明白的语言。上帝的信息既然如此唾手可得,基督徒就不再需要各界神职人员为他们诠释教义了。或者说,数以百万计的基督徒开始这样相信。"基督教,"劳伦斯·斯通写道,"是书本的宗教,即《圣经》。一旦《圣经》不再是只有牧师才能宣读的文字和由他们严格把持的秘密,建立文字社会的压力也应运而生了。"[1]《圣经》成为人们思考的内容,同时也成为人们用以思

---

[1] 斯通,"Literacy and Education in England, 1640—1900." *Past and Present*, No. 42, February 1969. 第76—77页。

考的工具。假如世上有媒介和信息在倾向上不谋而合的实例，那就非印刷术和基督教新教主义莫属了。这二者不仅都揭示了个体思想和行为的各种可能性，而且，多种语言对照版的《圣经》，把中世纪的拉丁语《圣经》所代表的上帝一家之言，改造成了上帝多家之言。凭借印刷，上帝变成了英国人、德国人或法国人，这完全取决于用什么样的语言来表现上帝的信息。这样的结果是加强了国家民族主义，同时削弱了经文的神圣权威。从 18 世纪到现在，人们对国家的爱取代了对上帝的爱，这完全可以说是印刷带来的一个结果。例如，在过去的两个世纪里，基督徒受鼓动发动的战争，完全是以捍卫国家利益的名义；上帝只好自己照料自己了。

现代科学取代中世纪的亚里士多德学派的科学，在很大程度上，也可以归因于印刷术的作用。哥白尼（Copernicus）是在 15 世纪末诞生的。许多科学家如安德烈亚斯·维萨里（Andreas Vesalius）、第谷·布拉赫（Tycho Brahe）、弗朗西斯·培根（Francis Bacon）、伽利略（Galileo）、约翰内斯·开普勒（Johannes Kepler）、威廉·哈维（William Harvey）和笛卡儿（Descartes），他们都出生在 16 世纪；也就是说，现代科学的基础在印刷术发明以后的 100 年内已经奠定。只要仔细想想 1543 年，人们也许就能体会到从中世纪的思想到现代科学观念的转变是多么引人注目。在那一年，哥白尼的《天体运行论》（*De Revolutionibus*）和维萨里的《人体的构造》（*De Fabrica*）同时问世了，前者重新改写了天学，而后者则改写了解剖学。新的传播环境究竟是如何使科学发现和天才层出不穷的呢？

首先，印刷不仅创造了新的收集数据的方法和来源，而且极大地增加了大陆范围内科学家之间的交流。其次，标准化的印刷形式导致了统一的数学符号，包括用阿拉伯数字取代罗马数字。因此，伽利略可以把数学称作"自然的语言"，并且自信其他科学家也能使用和理解这种语言。此外，标准化的印刷大半消除了文本中的模糊不清，并减少了图解、图表、表格和地图上的错误。印刷使直观教具现成可用，这样也使大自然显得更加千篇一律，因此更通俗易懂。

通过不同的方言，印刷还导致了科学思想的普及。尽管一些16世纪的科学家，如哈维，坚持用拉丁文写作，而其他科学家，如培根，则迫不及待地用方言写作，努力传播科学哲学的新精神和新方法。中世纪炼金术士把持秘密的时代结束了。科学成为众人之事。培根的《论学习》（*Advancement of Learning*）出版于1605年，是第一部用英语写作的重要科学著作。一年后，伽利略出版了一本显然是在自家印刷的用方言写作的小册子。伽利略对用方言印刷这种自我宣传的手段所具有的威力并非无动于衷，实际上，他正是利用这种方法确立了自己是望远镜的发明者。另外，中世纪的学者不知道或者无法弄到的各种各样有价值的古典文献，如今通过印刷，也得以重见天日。例如，英文版的欧几里得的著作到了1570年才首度出版。[1]

到了16世纪末，不仅欧几里得，还有天文学、解剖学和物理学的书籍都可供所有有识字能力的人享用。新形式的文学作品随手可得，《圣经》随手可得，商业文献随手可得，有关机械、农业和医学的实践经验的书籍也随手可得。在100年里，一个全新的符号环境建立了起来。这个新环境使世界充满了新信息和抽象经验。它要求人们有新技术、新态度，尤其是一种新的观念才能生存。个性化，富有概念思维的能力，具有知识力度，对印刷文字权威的信赖，对清晰、有序和说理能力的热爱，所有这一切，随着中世纪口语环境的渐渐衰退，都出现在新世界的最前沿。

简单地说，所发生的一切意味着"文化人"（Literate Man）已经诞生了。由于他的到来，儿童便被留在了身后。在中世纪，年幼者和年长者都不识字，他们的事情局限在这里和现在，用芒福德的话来说，是"此时此地"。这正是当时不需要有儿童概念的原因所在，因为人人共享同样的信息环境，因此生活在同样的社会和知识世界里。当印刷开始大行其道时，显然需要创造一个新型的成年。自从有了印刷术，成年就变得需要努力才能挣来了。它变成了一个象征性的成就，但不是生物学意义上的成就。

---

1 欧几里得（Euclid）为公元前3世纪的古希腊数学家，他的《几何原本》一直流传至今。

自从有了印刷术，未成年人必须通过学习识字、进入印刷排版的世界，才能变成成人。为了达到这个目的，他们必须接受教育。因此，欧洲文明重新创造了学校，从而使童年的概念也变成社会必需的了。

第 3 章

童年的摇篮期

印刷术问世后的头 50 年被称作"incunabula",字面上是"摇篮时代"的意思。到了印刷机步出摇篮之时,童年的概念已经进入了摇篮。然而,童年的摇篮期持续了大约 200 年。在 16、17 世纪以后,童年的概念普遍被承认是"存在的",只是事物自然法则的一个特点而已。J·H·普拉姆在写有关童年的摇篮期时指出:"儿童越来越成为受尊重的对象,它是一个特别的产物,有它不同的本质和不同的需求。他们需要与成人世界分离并受到保护。"[1] "分离"当然是个关键词。在将人进行分离的时候,我们创造了各阶级的人,其中,儿童是一个具有历史意义的而且人性的范例。但普拉姆先生却反其道而行之。儿童被从其他

---

[1] 普拉姆,"The Great Change in Children." *Horizon*, Vol. 13, No. 1, Winter 1971, 第 9 页。

人群中分离出来，并非因为他们据信有"不同的本质和不同的需求"。他们据信有不同的本质和不同的需求，是因为他们已经被从其他人群中分离出来。他们被分离，是因为在他们的文化中，他们要学习如何读书写字，如何成为印刷文化所要求的那种人，这些都是绝对必要的。

当然，起初人们对阅读和写作究竟能够或者会对人类产生何种影响，并不十分清楚。我们或许可以预料，人们普遍对变得有文化这个过程的认识很天真，正如我们今天对电子媒介的认识也很天真一样。例如，商人阶级想要他们的孩子懂得 ABC，以便日后他们可以处理商业世界中的各种文字。[1] 路德会教徒希望人们既能读懂以方言写作的《圣经》，又能解读对教会的不满。一些天主教徒在书中发现了可以用来灌输对《圣经》进一步服膺的手段。清教徒则希望使阅读成为对抗"无知、亵渎和懒惰这三大罪恶"[2] 的武器。

到 16 世纪中期，天主教徒开始打退堂鼓，不再鼓励人们识字，他们感到阅读是一个分裂的动原，最后甚至禁止阅读各种语言版的《圣经》，包括像伊拉斯谟这样的作家的作品。阅读跟异端邪说画上了等号，后来出现禁书书目也是很自然的事。新教徒显

---

[1] 芒福德，*Technics and Civilization*. New York：Harcourt, Brace & World, 1934, 第 137 页。

[2] 斯通, "Literacy and Education in England, 1640—1900." *Past and Present*, No. 42, February 1969, 第 71 页。

然偏爱离经叛道，此外，还寄希望于识字阅读来破除迷信。因此，他们继续发掘印刷的各种资源，并把这种态度带到了新世界。然而，我们发现，长老制的苏格兰其实对让所有人接受识字教育的问题提出了最强烈的承诺。例如，在1560年第一本长老会信纲（Presbyterian Book of Discipline）中，他们就呼吁建立全国性的教育体系，这是英国有史以来第一个这样的倡议。在长老会教徒的政治权力如日中天之时，他们为实现这一目的制定了立法（《1646年法案》）；在1696年他们卷土重来之时，又恢复并强化了这个立法。[1]

天主教背离印刷而新教与之形成联盟的一个结果，是欧洲的文化知识版图出现了惊人的颠倒。在中世纪，地中海沿岸的国家在文化修养和情感修养方面要远远高于北欧各国。可是，到了17世纪末，这种局面完全反了过来。天主教保持了一种形象上的宗教。它继续偶像崇拜且变本加厉，过分注意经营教堂和仪式服务的各种细节。基督教新教则发展成了一种书籍的宗教，结果是阻止偶像崇拜，走向一个禁欲的符号体系。约瑟夫·凯[2]曾经说过，在19世纪，若想把穷人吸引到教会来，人们必须要么像天主教一样"装点场面"，要么像新教徒那样"教育民众"。[3]

1　斯通，"Literacy and Education in England, 1640—1900." *Past and Present*, No. 42, February 1969, 第80页。
2　约瑟夫·凯（Joseph Kay, 1821—1878），英国经济学家。主要研究贫民问题。著有《英国和欧洲的贫民教育》《英国和欧洲人民的社会处境》等。——译者注
3　斯通，"Literacy and Education in England, 1640—1900." *Past and Present*, No. 42, February 1969, 第78—79页。

也许对如何吸引穷人，凯说得有道理。但是，我们不能忽略一个事实，即一个有识字能力的民族能够开发出比文盲更高层次的抽象思维的能力。以形象为中心、铺张装饰的天主教对穷人并不一定那么有吸引力，但对于那些已经习惯于天主教具体、偶像式的象征符号的各阶层的公众来说，也没什么不适应。基督教新教则提倡简朴。它的出现对那些早已受到书籍的熏陶、能更抽象地思考的人自然是非常合适的。

此外，这同时意味着童年的进化发展并不均衡，因为当我们对历史复杂性进行筛选后，一个相当简单的等式便出现了：凡是识字能力受到始终如一的高度重视的地方，就会有学校；凡是有学校的地方，童年的概念就能迅速发展。这就是为什么童年在不列颠群岛比在其他任何地方都要更早出现，并且有更清晰的轮廓的原因。早在亨利八世统治时代，威廉·福里斯特（William Forrest）就倡导小学教育。他提出，儿童在4岁时就应该送进学校去"学一些文学"，这样他们才会理解上帝的旨意。[1] 托马斯·斯塔基（Thomas Starkey）在他的《对话》（*Dialogue*）中提出了类似的想法，他主张设立教区学校，让所有7岁以下的儿童上学。[2] 在一个相对短暂的时间里，英国人把他们的社会改造成了一个有许多学校的岛屿。在16世纪，许多村庄的村民留下遗

---

[1] 平奇贝克和休伊特, *Children in English Society, Volume* I: *From Tudor Times to the Eighteenth Century.* Toronto: University of Toronto Press, 1969, 第23页。

[2] 同上，第23—24页。

产赠物，要求建立免费的学校，使当地儿童能够接受初级教育。[1] W·K·乔丹（W. K. Jordan）做过的一份调查显示：1480年，英国有34所学校。到了1660年，有444所学校，每4400人中便有一所学校，大约每隔12英里就有一所学校。[2]

实际上，当时共发展出三种学校：初级或者"小型"学校，教三个"R"——读、写、算；免费学校，教数学、英语作文和修辞；还有文法学校，教英语语法和古典语言学，目的是为大学和律师学院培养青年人才。莎士比亚就读的是斯特拉特福的一所文法学院。他在那里的经历促使他表达了一个著名的意见［因为他很可能被要求读利利（Lyly）的《拉丁文法》］。莎士比亚在《亨利六世》第二篇中这样写道：

> 你存心不良，设立什么文法学校来腐蚀王国的青年……我要径直向你指出，你任用了许多人，让他们大谈什么名词呀、什么动词呀，以及这一类可恶的字眼儿，这都是任何基督徒的耳朵所不能忍受的。

然而，多数英国人并不赞同莎士比亚所说的创办学校是为了腐蚀王国的青年的说法。其实，英国人甚至不反对送女孩去学校

1　斯通，"Literacy and Education in England, 1640—1900." *Past and Present*, No. 42, February 1969, 第42页。

2　同上。

接受教育：诺维奇（Norwich）提供的免费教育对男孩和女孩都是开放的。然而，人们必须明白，去学校接受教育多半是中上层阶级的头号任务，但有根据显示，即使在穷人中也有些妇女是识字的。

不过，男性的识字人数当然要多得多。1612年到1614年间，米德尔塞克斯郡（Middlesex）审判的204个因初犯而判死刑的男犯中，有95人请求使用"神职人员不受普通法院审判的特权（benefit of clergy）"。这意味着他们能够应付从《圣经》里读一句的挑战，从而免于绞刑的厄运。[1] 劳伦斯·斯通教授由此得出结论，如果47%的罪犯阶层能够识字，那么整个人口中男性的识字率一定比这个数字要高得多。（当然，也可能"罪犯阶层"要比斯通教授想象的更聪明，学习认字属于他们生活中优先考虑的事情。）

无论如何，非常准确的识字率是很难获得的。据托马斯·莫尔爵士推测，1533年，超过一半的人口有能力阅读英文版的《圣经》。多数学者认为这个估计太高，但是他们普遍认为，到1675年，男性的识字率大约在40%。然而，下面这些数字都是确凿无疑的：1642年出版了2000多份小册子。1645年发行了700多份报纸。在1640年到1660年间，小册子和报纸加起来一共是2.2万份。[2] 因此，到了17世纪中叶，"无论从哪个层面来

---

[1] 斯通，"Literacy and Education in England, 1640—1900." *Past and Present*, No. 42, February 1969, 第43页。

[2] 同上，第99页。

看，英国很可能是当时世界上最有文化的社会"。[1] 无可否认，到了17世纪初，它的政治领袖都是有识字能力的。在法国，情况显然也是如此。在英国，最后一个身居高官的文盲是拉特兰郡（Rutland）的第一伯爵。在法国，则是蒙莫朗西元帅（Constable Montmorency）。[2] 虽然法国在识字教育方面的成就（即学校的发展）落在了英国后面，但是到了1627年，法国大约有4万儿童在接受教育。

这一切所带来的后果是儿童在社会上的地位发生了巨大的变化。由于学校是为培养有文化的成人而设计的，儿童因此不再被看作成人的缩影，而被看作完全不同的一类人，即未发展成形的成人。学校教育开始认同儿童自身的特殊天性。阿里耶斯指出："在学校上下……按年龄组织安排教学。"正如19世纪的青少年是通过征兵来定义一样，在16世纪和17世纪，童年的定义是通过进学校上学来实现的。（中小学）"男生"（schoolboy）成为"儿童"的同义词。艾维·平奇贝克和玛格丽特·休伊特是这样说的：

> 尽管在传统的（学徒）制度下，"童年"实际上在7岁就结束了……但是有组织的正式教育的结果是延长了儿童不必承担成人世界的要求和责任的时间。其实，

---

[1] 斯通，"Literacy and Education in England, 1640—1900." *Past and Present*, No. 42, February 1969, 第68页。

[2] 同上，第74页。

童年远不是只有些许重要性的生物需求；它有史以来第一次作为一个成长阶段而出现，而且变得日益重要。[1]

这里所说的是：童年已经成为对某一阶段象征性成就的描述。婴儿期在掌握语言技能之后就结束了。童年是以学习阅读开始的。确实，孩子这个词经常被用来描述那些不能阅读的成人，包括智力上被认为孩子气的成人。到了17世纪，人人都理所当然地认为，亦如普拉姆所说："识字教育的步骤应该根据儿童的发展来设置：识字应该在大约四五岁时开始，接下来是写字，然后逐渐添加更复杂的学科……教育变得几乎不容变更地跟儿童的实足年龄联系起来了。"[2]

可是，教育和实足年龄之间的联系是花费了一些时间才建立起来的。初次为学生分班、分年级的尝试，是基于学生的阅读能力，而不是他们的实足年龄。[3] 根据年龄来划分是后来的事。阿里耶斯解释说，学校按学生的阅读能力的不同等级进行分班，使人们"认识到儿童、青年的特殊天性，同时也认识到在儿童和青年这两种分类中，仍有各种类别存在"。[4] 阿里耶斯在此处表达的是前面已经暗示过的一种社会观念：当一个群体，任何群

---

1 平奇贝克和休伊特, *Children in English Society*, Volume Ⅰ：*From Tudor Times to the Eighteenth Century*. Toronto：University of Toronto Press, 1969, 第42页。

2 普拉姆, "The Great Change in Children." *Horizon*, Vol. 13, No. 1, Winter 1971, 第9页。

3 阿里耶斯, *Centuries of Childhood*, trans. By Robert Baldrick. New York：Random House, Vintage Books, 1962, 第188页。

4 同上, 第187页。

体，是以某个单一特征为基础而形成时，它带有的其他特征也会不可避免地引起注意。起先只是必须学会阅读的一类人，结果却成为被认为在多方面都很独特的一类人。由于童年本身成为一个社会和知识的分类，童年的各个不同阶段也因此变得越来越鲜明。伊丽莎白·爱森斯坦概括了这一点："（儿童）新近在学校被分隔开来，接受针对不同学习阶段而设计的特别的印刷材料，最后，不同的'同龄群体'出现了，一个个性鲜明的'青年文化'……就此产生了。"[1]

随之而来的一切也是不可避免的，或者在事后看来是不可避免的。首先，儿童的服装变得与成人不同。到了16世纪末，童年应该有特别的服装，已是约定俗成的事实。[2] 儿童服装上的不同，以及成人所感知的儿童在生理特征上的不同，在16世纪及以后的绘画作品中有很好的证明，即儿童不再被描绘成微型的成人。儿童的语言也开始与成人话语有所区别。正如先前所指出的，儿童专用的混杂语和俚语在17世纪前并不为人所知。后来，它的发展非常迅速且日益丰富。有关儿科学的书籍也大量出现。由托马斯·雷纳（Thomas Raynald）撰写的一本儿科学的书非常受欢迎，在1600年以前就已经印刷出版了7个版本，而且继续

---

1 爱森斯坦，*The Printing Press As an Agent of Change*. Cambridge, England：Cambridge University Press, 1979, 第133—134页。
2 阿里耶斯，*Centuries of Childhood*, trans. By Robert Baldrick. New York：Random House, Vintage Books, 1962, 第57页。

出版到 1676 年。甚至连给孩子起名这样一个简单的行为也经历了变化，这反映出儿童新的社会地位。在中世纪，父母给所有的孩子起一模一样的名字，只按出生先后加以区分的情况是司空见惯的。但到了 17 世纪，这种习俗已经消失，父母通常给每个孩子起一个独特的名字，往往以父母对这个孩子的期待来决定。[1] 儿童文学有些落后，到 1744 年才开始出现。那一年，伦敦出版商约翰·纽伯里（John Newbery）印刷出版了《巨人杀手杰克》（Jack the Giant Killer）的故事。到 1780 年，许多职业作家把注意力转向青少年文学作品。[2]

当童年的形态变得具体起来以后，现代家庭的形式也渐渐开始成形。创造现代家庭不可或缺的事件，阿里耶斯强调说，是正规学校教育的发明和扩展。[3] 社会要求儿童接受长期的正规教育，这导致家长和孩子之间的关系需要重新定位。家长的期望和责任变得越来越重大，而且含义也越来越丰富，因为父母演变成了监护人、看管者、保护者、养育者、惩罚者以及品德和品位的仲裁者。爱森斯坦为这种演变又加上了一条理由："永无止境的

1　详细探讨 17 世纪孩子的不断变化的形式，参阅伊利克（Joseph Illick），"Child Rearing in Seventeenth Century England and America," in Lloyd deMause, ed., *The History of Childhood*. New York：The Psychohistory Press, 1974，第 303—350 页。

2　平奇贝克, *Children in English Society, Volume Ⅱ：From the Eighteenth Century to the Children Act of 1948*. Toronto：University of Toronto Press, 1973，第 299 页。

3　阿里耶斯, *Centuries of Childhood*, trans. By Robert Baldrick. New York：Random House, Vintage Books, 1962，第 369 页。

道德说教文学像潮水一样侵入了家庭这方净土……'家庭'一时间又被赋予各种新的教育和宗教功能。"[1] 换句话说，由于各种各样题材的书籍应有尽有，不只在学校而且在市场上，家长被迫承担教育者和神学家的角色，并一心一意把孩子培养成为敬畏上帝、有文化的成人。随着印刷术的发明，家庭进而成为教育机构，这不单是因为家庭必须保证儿童接受学校教育，而且因为它不得不在家提供辅助教育。

但是，家庭中发生的另一些事情影响了童年概念的形成，这也不应该被忽视。拿最明显的例子来说，在英国，一个引人注目的中产阶级正在兴起，他们的人数也越来越多。这些人有钱，而且愿意花钱。根据杜布莱（F. R. H. Du Boulay）的说法，中产阶级是这样花钱的："他们投资买较大的房子，有额外的房间可使自己不受干扰，他们还投资为自己和家人画像，投资在孩子的教育和服装上。多余的钱使他们能够把孩子当作炫耀性消费的对象。"[2]

在此，杜布莱希望我们考虑的是，经济条件的改善，在加强儿童观念和使儿童在社会上更引人注目上起了作用。我们要牢记，男孩实际上是特殊化人群中的第一个阶层，我们也必须记住，他们是中产阶级家庭的男孩。毫无疑问，童年最初是一个中

---

[1] 爱森斯坦，*The Printing Press As an Agent of Change*. Cambridge, England：Cambridge University Press, 1979, 第133页。

[2] 杜布莱（F. R. H. Du Boulay）, *An Age of Ambition：English Society in the Late Middle Ages*. New York：Viking Press, 1970, 第90—91页。

产阶级的想法,部分是因为中产阶级能够负担培植这个概念。经过一个世纪之后,这个想法才慢慢传入社会较底层的阶级。

所有这些发展都只是一个新兴阶级出现的外部迹象。他们说话与成人不同,每天消磨时间的方式也不同;他们穿着不同,学习的内容不同,而最终连思考的东西也不同。所发生的这一切,即根本的结构变化,显示出凭借印刷和服务于印刷的事物及学校,成人发现自己对未成年人的符号环境有着前所未有的控制力,因此他们能够并且要求为儿童成为成人提出各种各样的条件。

话虽如此,我并不是说成人始终清楚地意识到他们所做的一切或为什么要做某一件事。在相当的程度上,有关童年的各种发展是受书本和学校的性质所支配的。例如,通过写作有先后顺序的课本,按照儿童的实际年龄组织学校班级,校长等于开创了童年的各个阶段。我们对于孩子能学或该学什么、在什么年龄学之类问题的认识,大多来自有序的课程设置的概念,也就是说,来自前提条件的概念。

"自从16世纪以来,"伊丽莎白·爱森斯坦说道,"认识一堆由毫无意义的符号和声音所代表的互不相干的字母,记住这些字母的固定顺序,始终是西方世界所有儿童通往书本学习的大门。"[1] 爱森斯坦教授在此所指的是通往成年的第一步:熟练掌

---

[1] 爱森斯坦, *The Printing Press As an Agent of Change*. Cambridge, England: Cambridge University Press, 1979, 第89页。

握所有的字母，当时一般认为应该是在4岁到6岁之间完成的任务。可问题是，熟练掌握字母，继而精通所有要求掌握的知识和技能，不仅仅构成了课程设置，而且构成了儿童发展的定义。通过建立不同等级的知识和技能，成人创造了儿童发展的结构。事实上，正如普拉姆所观察的："……许多我们认为几乎是人的天性的假定在这时开始被采纳。"[1] 既然学校的课程设置完全是为顺应识字的要求而设计的，那么教育工作者居然还没有广泛评价"童年的本质"和印刷的偏见之间的关系，这是令人吃惊的。例如，儿童走向成年需要获得那些我们心目中的好读者所具备的能力，即活跃的个性意识，有逻辑、有次序的思考能力，能使自己与符号保持距离的能力，能操控高层次的抽象概念的能力和延迟满足感的能力。

当然，还需要有超凡的自我控制能力。人们有时会忽视，书本学习是"不自然的"，因为它要求儿童、青少年精神高度的集中和镇定，而这些恰好跟他们的本性是背道而驰的。甚至在"童年"的概念出现之前，我们可以假定，年轻人的习性比成人更"好动"和精力充沛。其实，菲利普·阿里耶斯之所以哀叹童年的起源，是因为它往往抑制了青年人好动的天性。在一个没有书籍和学校的世界里，青年人的旺盛精力得以最大限度的发挥。但是，在一

---

[1] 普拉姆，"The Great Change in Children." *Horizon*, Vol. 13, No. 1, Winter 1971, 第9页。

个有书本学习的世界里,这样旺盛的精力需要大幅度地予以限制。安静、一动不动、思考、严格控制各种身体机能,这些都受到高度的重视。正因如此,在 16 世纪初,校长和家长开始强加给儿童相当严格的纪律。儿童的天然本性开始被视为不仅妨碍书本学习,而且是邪恶性格的表现。因此,为了获得令人满意的教育结果和净化的灵魂,"天性"不得不被征服。控制和征服人的天性的能力,成为成年人的一个重要特点,因而是一个非常重要的教育目的;对于有些人,它是教育的绝对必要的目的。

清教徒罗伯特·克利弗(Robert Cleaver)和约翰·多德(John Dod)在 1621 年出版的著作《虔诚的家庭管理》(*A Godly Form of Household Government*)中写道:"躺在摇篮里年幼的孩子,既任性又让人怜爱。虽然他身体娇小,却有(使坏)之心,完全可能作恶……如果这星星点点的火花任其燃烧,必会越烧越旺,直至烧毁整座房子。我们接受改造,才成为好人,因为我们并非生来就好,而是教育使然。"[1]

尽管卢梭反对这种论调,而且他的意见颇具影响力,但是,多少世纪以来,儿童接受的始终是旨在使他们"变好"的教育,也就是说是使他们压抑天然的充沛精力的教育。当然,儿童从不觉得他们喜欢这样的常规训练。早在 1597 年,莎士比亚就给我

---

[1] 伊利克(Joseph Illick),"Child Rearing in Seventeenth Century England and America," in Lloyd deMause, ed., *The history of Childhood*. New York:The Psychohistory Press, 1974, 第 316—317 页。

们描绘了一个感人肺腑且难以忘怀的儿童形象,因为孩子们知道学校是走向成年的严峻考验。在《皆大欢喜》(*As You Like It*)中著名的"人生的阶段"(ages of man)这段话里,莎士比亚写道:"一个哼哼唧唧的男生,背着书包/脸色像早晨一样灿烂,行路却慢腾腾地像蜗牛一样/不情愿去上学堂。"

自我控制,作为智力和神学的准则以及成年的一个特征,变得越来越重要,它也相应地反映在性道德观和性行为上。关于这两方面,最有影响的早期著作是伊拉斯谟1516年出版的《箴言》(*Colloquies*)。该书试图提出男孩必须控制他们出于本能的生活方法。把这本书看作第一部广为流传的、以羞耻心为主题的世俗书籍,我认为是公平的。但以我们现在的标准来看,它并非完全如此,因为伊拉斯谟探讨的问题在18世纪已经被禁止出现在儿童的书籍里。例如,他在书中描写了一个假想的例子:一个男青年和一个妓女相遇,男青年拒绝妓女的勾引,反而为她指出通向美德之路。伊拉斯谟也描写了一个青年向一个姑娘求爱,以及一个妇人抱怨丈夫任性的行为。换句话说,书中告诫年轻人如何对待性的问题。人们也许会说,伊拉斯谟敢于冒着断送自己名声的危险,他是那个时代的朱迪·布鲁姆[1]。但是,不同于这位写了许多广为流传的儿童性问题小说的现代流行作家,伊拉斯谟的用意不是削弱羞耻感,而是要增强它。伊拉斯谟明白——一如

1　朱迪·布鲁姆(Judy Blume),美国著名儿童文学作家。——译者注

后来的约翰·洛克，以及后来的弗洛伊德——即使去除神学的内涵，羞耻心依然是人类文明过程中必不可少的要素。它是征服我们的本性所要付出的代价。书本和书本学习的世界几乎算不上我们超越动物本能的胜利；一个识字社会的要求使一种精雕细琢的羞耻感变得非常必要。若稍加引申，我们便可以说，由于印刷将信息和送信人分开，由于印刷创造了一个抽象思维的世界，由于印刷要求身体服从于头脑，由于印刷强调思考的美德，所以，印刷强化了人们对头脑和身体二元性的看法，从而助长了对身体的蔑视。印刷赋予我们的是脱离躯壳的头脑，但却留下了一个我们该如何控制身体的其余部分的问题。羞耻心正是这种控制得以实现的途径。

到16世纪末，社会上存在这样一些现象：一个围绕着书籍的神学理论，一种新的、以印刷为基础的日益成长的商业体系和一个依照学校教育来组织家庭的新概念。综合起来，这些现象都竭力提倡在所有事情上保持克制以及对私下和公开的行为进行明确区分。"渐渐地，"诺贝特·埃利亚斯写道，"性行为与羞耻和尴尬（紧密）相连，需要在行为上相对克制的概念在整个社会较均衡地传播开来。唯有当成人和儿童之间的距离加大，'性启蒙'才变成一个'尖锐的问题'。"[1] 埃利亚斯在此处是说，随

---

1 埃利亚斯，*The Civilizing Process*：*The History of Manners*. New York：Urizen Books, 1978, 第179页。

着童年这个概念的发展，社会开始收集内容丰富的秘密，不让儿童知道：有关性关系的秘密，也包括有关金钱、暴力、疾病、死亡和社会关系。由此，甚至还发展出了语言秘密，亦即大量不能在儿童面前说的话。

这本身是一个奇特的讽刺。因为一方面，新兴的书本文化——用英尼斯的话来说——打破了"知识垄断"，它使神学、政治和学术方面的秘密变得能为广大的公众所获得，而这在以前是无法做到的；但是另一方面，由于局限儿童于书本学习，由于他们受制于书本学习者的心理以及校长和家长的监督，印刷向儿童关闭了日常生活的世界，而日常生活的这个世界正是中世纪的年轻人非常熟悉的。最后，了解这些文化秘密成为成年的一个显著特点。因此，直到最近，儿童和成人之间的一个重要区别，还是成人拥有据信是儿童不宜知道的信息。在儿童走向成年的成长过程中，我们分阶段向他们揭示这些秘密，至"性启蒙"为结束。

正因为如此，到16世纪末，学校老师已经拒绝让儿童接触某些"不体面的书"，并对说脏话的儿童进行惩罚。此外，他们阻止儿童进行赌博，而中世纪的年轻人最喜欢以赌博消磨时间。[1] 因为人们不再期待儿童了解成人公开行为的秘密，有关行为举止的书变得很常见。这一回，伊拉斯谟又领先了一步。在他

---

[1] 阿里耶斯，*Centuries of Childhood*, trans. By Robert Baldrick. New York: Random House, Vintage Books, 1962, 第82页。

的《论男孩子的礼仪》（*De Civilitate Morium Puerilium*）一书里，为了启迪年轻人，他制定了在公众场合下言行举止的一些规则。"吐痰时要转过脸去，"他说，"免得唾液落在别人身上。若吐到地上的是脓性物，要用脚把它踩掉，免得让人恶心。如果你不方便这么做，就把痰吐在一小块布上。咽回唾液是很不体面的行为，跟我们见到的那些每说几句话就要吐痰的人一样，那是一种习惯而不是需要。"

至于擤鼻涕，伊拉斯谟坚持说："对着帽子或衣服擤鼻涕是很粗鲁的……用手也不见得更加礼貌……用手帕擦鼻孔才是适当的，而且要转过脸去，假如有更尊贵的人物在场。"

伊斯拉谟在此同时做着几件事。首先，他在诱发年轻人的羞耻感。没有羞耻感，未成年人是不能成为成年人的。同时他还把年轻人比作"野蛮人"，因为在童年发展的过程中，如前所述，人们产生了一种想法，即儿童是未成形的成人，需要接受文明教育，需要以成人的方式接受训练。学校的书本向他们揭示了知识的秘密，而礼仪书则揭示了公众举止的秘密。"正如苏格拉底将哲学从天上带到了人间一样，"伊拉斯谟说起他的书时曾表示，"我把哲学引入游戏和宴会当中。"不过，伊拉斯谟不仅仅是在向年轻人揭示成人的秘密，同时也在创造秘密。伊拉斯谟有关公众举止的书既是为成人也是为儿童写的。了解这一点非常重要。他同时在建立成人的概念和儿童的概念。我们必须记住，巴巴拉·塔奇曼说过，中世纪的成人非常孩子气，也就是说，当书本和学校创造了儿童时，它们也创造了现代的成人概念。那么，当我在后面几章试图揭示童年在我们这个时代逐渐消逝的时候，我想要说，一定形式的成年也不可避免地随之消逝。

无论如何，当儿童和成人变得越来越有区别时，每个阶层都尽情发展各自的符号世界，最终人们开始接受儿童不会也不能共享成人的语言、学识、趣味、爱好和社交生活。成人的任务其实是要帮助儿童为将来能够应付成人的符号世界而做准备。到了19世纪50年代，几百年的童年发展已颇具成效。在整个西方世界，童年的概念都已经成为社会准则和社会事实。当然，具有讽刺意味的是，没有人注意到，大约与此同时，童年消亡的种子也已经埋下了。

第4章

童年的旅程

在探讨最终导致童年概念土崩瓦解的符号世界的种种变化之前，我们有必要简要了解一下17世纪以来童年的演变过程。当我说到童年的消逝时，我指的是一个概念的消逝。如果我们还记得童年概念的诞生所面临的种种障碍，以及支持它成长的种种影响，那么我们也许会加深对这个概念的理解，更不用说由于童年概念的消逝而感到失落。

例如，我们万万不可认定童年是在古登堡的印刷术和校长的分班影响下骤然成熟起来的。一如我在前几章里努力揭示的，这些事件的确是童年概念在现代世界中得以形成的必不可少的因素。同其他任何观念一样，尤其是那些在世界范围内产生影响的观念，童年带给不同时代的人完全不同的含义。当每个国家、每个民族试图理解童年的概念，并将它融入各自的文化时，童年所面临的是与产生地大不相同的经济、宗教和知识的环境。在有些情况下，童年被丰富了；在有些情况下，它被忽略了；在有些情况下，它被贬低了。然而，童年始终不曾消逝，尽管有时濒于消逝的边缘。

例如，18世纪发展起来的工业化始终是童年的劲敌。直到17世纪末，英国的识字、学校教育和童年的概念都发展得非常迅速。但由于大型工业城市的兴起，工厂和煤矿对劳动力的迫切需求，儿童的特殊天性不得不退居于儿童作为廉价劳动力来源的利用价值之后。"工业资本主义的结果之一，"劳伦斯·斯通写道，"是……助长了学校的惩戒、处分功能。有些人认为这样做的结果大半是不顾儿童的意愿，促使儿童适应工厂里的日常劳动。"[1] 情况的确如此，假如儿童有幸去上学的话。因为整个18世纪和部分19世纪，英国社会对待穷人的孩子尤其残酷无情，穷人的孩子充当了英国这部大工业机器的燃料。

"我在高伯（Gauber Pit）井下控制风门，不得不在没有灯的情况下操作，我很害怕。早上四点，有时三点半我就去上班，直到五点或五点半才出来。我从来没有睡着过。当有灯光的时候，我有时会唱唱歌，但我不在黑暗中唱：那样我不敢唱。"这是19世纪中叶年仅8岁的女孩萨拉·古德（Sarah Gooder）描绘的矿井中的一天。[2]

---

[1] 斯通，"Literacy and Education in England, 1640—1900." *Past and Present*, No. 42, February 1969, 第92页。

[2] 平奇尼克和休伊特，*Children in English Society, Volume Ⅰ: From Tudor Times to the Eighteenth Century*. Toronto: University of Toronto Press, 1969, 第二卷，第354页。

萨拉以及其他儿童揭示的残酷现象最终导致英国立法，禁止矿井雇用儿童，即10岁以下的儿童。

更早些时候，在1814年，英国有史以来第一次通过立法，规定偷盗儿童是可以提起公诉的罪行。脱光偷来儿童的衣服一直属于违法行为，但是对于实际偷盗儿童或把儿童卖给乞丐的行为，法律却没有任何惩罚。不过，法律对儿童所犯下的罪行却严惩不贷，没有丝毫恻隐之心。直到1780年，在200多项可以判绞刑的罪行中，儿童若触犯了其中的任何一条，都会被一视同仁，处以绞刑。在诺维奇，一个7岁的女孩被绞死，罪名是她偷了一条衬裙。在戈登暴乱[1]之后，几个儿童被公开处以绞刑。"我从未见过男孩子如此痛哭不已。"目击绞刑的乔治·塞尔温（George Selwyn）说。[2]

在1761年进行的一次审讯中，安·马丁因弄瞎一些孩子的眼睛随后带他们到全国各地乞讨而被判有罪。[3] 她只被判在纽盖特监狱（Newgate Prison）服两年的刑。如果孩子是她自己的，很可能她根本不会被判有罪。她的罪行，看上去只是由于损坏了别人财产而构成的。

---

1 戈登暴乱：发生于1780年的伦敦反天主教暴乱，持续一周，死伤近500人。

2 平奇尼克和休伊特，*Children in English Society*，*Volume* I：*From Tudor Times to the Eighteenth Century*. Toronto：University of Toronto Press, 1969，第二卷，第351—352页。

3 显然这种可怕的行径在当时的英格兰和欧洲大陆是非常普遍的。

有大量的书,包括查尔斯·狄更斯(Charles Dickens)的,描写18世纪到19世纪中叶的英国,穷人的孩子遭受着恐怖的统治:济贫院、服刑机构、纺织厂和矿井。他们不识字,也很少有学可上。我小心翼翼地选择"恐怖的统治"(reign of terror)一词,因为我认为阐明下面的观点很重要:正如法国的恐怖统治没有也不可能摧毁政治民主的思想一样,残酷对待底层阶级的儿童没有也不可能摧毁童年的概念。童年的概念比那些从未受益于此概念的儿童更加坚强耐磨。这一点值得我们对未来感到欣慰。

童年之所以能从工业化的英国的贪婪中幸存下来,原因有几个。其中之一是英国的中上层阶级使这个概念保存下来,并精心培养和扩展它。对萨拉·古德个人而言,这个事实不可能有任何意义或些许安慰。但对于整个世界文明,它的意义非常重大,对英国尤其如此。有关童年的想法和前提一旦被引进,从此便在英国扎根,从未离开过。有时它们只是受到阻隔,不能进入某个阶层。虽然英国为此付出了沉重的代价,例如,直到最近,它依然是西方世界中最有阶级意识的社会,但是童年和它所代表的一切最终还是渗透到了底层阶级。又如,1840年以后,初级教育迅速发展。到了19世纪末,无论哪个阶级,无论男人或女人,文盲现象已经基本上消除了。[1]

1　斯通,"Literacy and Education in England, 1640—1900." *Past and Present*, No. 42, February 1969, 第119页。

童年并不是那种可以永远隐瞒、不让社会各阶层知道的一个概念。即使英国的中上层阶级努力这么做——他们也的确这么做了，童年的概念在其他国家的发展也会对情况的发展产生重要影响。事实也的确如此。正如在17世纪，童年的概念从英国穿越海峡到达欧洲大陆。在18和19世纪，它又从欧洲重新穿越海峡回到了英国。举例来说，到18世纪末，欧洲大陆多数受过教育的人都相信，缺乏教育和年轻人犯罪之间有着某种因果关系。1824年，一个访问了英国的德国人说道："单单在英国，它每年处以死刑的人数就要比其他国家全部加起来的总数还要多。它听任200万人民到处游荡，极度无知。"[1] 1833年，《爱丁堡评论》(The Edinburgh Review) 估计，就欧洲的教育而言，英国人落在标尺的底部，德国人则在最顶端。[2] 若不是德国人，那么肯定是苏格兰人。苏格兰人到了18世纪末已经发展出欧洲最大的初级教育体系，还有也许是最好的中等教育。问题在于，童年的含义意味着这个概念可以跨越所有国家的边界，虽然时而受到阻止和打击，但总能继续它的旅程。尽管当地情况会影响它的面貌和进程，但没有任何东西能让它消逝。例如在法国，反对社会识字文化和教育的势力，不是来自没有人性的工业资本主义，而是来自耶稣会，因为耶稣会的成员担心他们的宗教和文化会被"新教

---

[1] 斯通，"Literacy and Education in England, 1640—1900." *Past and Present*, No. 42, February 1969, 第90页。

[2] 同上，第129页。

化"。可到了19世纪中叶,在识字率和儿童的入学率上,法国都赶上了英国,因此,童年的意义在法国也得到了发扬光大。

在欧洲范围内兴起的倡导一个人性化的童年的潮流,部分是由于政府增强了对儿童福利的责任意识。我们关注这个事实非常重要,因为近些年来,政府过度干预家庭生活的行为已遭到批评。依我之见,批评得有道理。[1] 可是在18、19世纪,尤其在英国,比较贫穷阶层的成年人经常不能对儿童发展出或是表现出我们认为正常的爱心和责任。据德莫塞的假设,很可能是许多成人根本就缺乏对儿童产生柔情的心理机制,[2] 也可能是因为经济能力低下,结果限制了这种感情的存在。无论如何,众所周知,家长经常不仅把孩子当作他们的私有财产,可以随心所欲地处置,而且当作动产,他们的健康、幸福可以以家庭生存的名义被消耗掉。在18世纪,认为国家有权成为儿童保护者的观念不仅是新鲜的,甚至是激进的。然而,逐渐地,家长至高无上的权威被人性地修改了,这样,所有的社会阶层都被迫和政府形成合作,共同承担养育儿童的责任。

政府为何开始承担这样的责任,可以参照几股力量来进行解释。其中之一就是欧洲范围的改革和学习精神。我们一定还记

---

[1] Donzelot, Jacques. *The Policing of the Family*. New York: Pantheon Books, 1979.

[2] 德莫塞, "The Evolution of Childhood," in Lloyd deMause, ed., *The History of Childhood*. New York: The Psychohistory Press, 1974。

得，欧洲的18世纪是属于歌德（Goethe）、伏尔泰（Voltaire）、狄德罗（Diderot）、康德（Kant）、大卫·休谟（David Hume）、爱德华·吉本（Edward Gibbon）这些伟人的世纪，也是洛克和卢梭的世纪。我们甚至可以说，就童年而言，法国的耶稣会根本不能和卢梭相提并论，就像英国的工业机器不能抵挡约翰·洛克的思想一样。我这么说，是指18世纪的知识氛围，即所谓的启蒙运动（the Enlightenment），有助于培养和传播童年的思想。

拿洛克来说，在1693年出版的优秀著作《教育漫话》（*Some Thoughts Concerning Education*）中，他对童年概念的成长施加了巨大的影响。同在他之前的伊拉斯谟一样，洛克看到书本学习和童年之间的种种联系，提出了一种教育，主张把儿童视为珍贵的资源，但仍然严格要求注意儿童的智力发展和培养他们的自控能力。尽管洛克对儿童身体生长方面的观点很开明，但他还是把开发儿童的理性能力作为目的。一个孩子必须有精力旺盛的身体，他写道："这样，身体才能服从和执行头脑发出的指令。"洛克还抓住了羞耻感的重要性，使之成为保持童年和成年之间区别的工具。"在一切事物中，名誉和耻辱，"他写道，"一旦人们喜欢上它们，是最能刺激心灵之物。假如你能使孩子珍惜名誉、憎恨耻辱，你就已经在他们心中植下了正确的原则。"

但最重要的是，洛克有一句至理名言：人类的头脑生来是一张空白的刻写板（a blank tablet）、一张空白的书写板（a tabula rasa）。由此，洛克推进了童年的理论。所以，最终在儿童的心灵上写下什么内容,这个重任便落到了家长和校长的身上(随后,又落到了政府的身上)。一个无知、无耻、没有规矩的孩子代表着成人的失败,而不是孩子的失败。一如200年后弗洛伊德有关心理压抑的学说,洛克的空白书写板的观点在父母身上产生了一种与儿童发展息息相关的内疚感,并为把认真培养儿童作为国家优先的大事提供了心理上和认识上的根据,至少在洛克所属的商人阶层,即他的选民当中是如此。虽然洛克不同于贺拉斯·曼[1],因为洛克的想象力并不容许所有的儿童接受同等的教育,但他的确提出了教育穷苦儿童的学徒方案。穷人孩子的头脑毕竟跟中上层阶级孩子的头脑一样具有可塑性。

关于童年的概念,18世纪出现的第二个重要的知识性影响人物,当然非卢梭莫属。尽管我相信卢梭心里并不清楚地明白童年为何会出现、它如何被保存下来(而洛克是很清楚的),但他还是对童年的发展做出了两个重要的贡献。首先,他坚持儿童自身的重要性,儿童不只是达到目的的方法。在这一点上,他的观点就跟洛克大相径庭,因为洛克认为儿童始终是潜在的公民或者商人。卢梭的思想也并非完全独到,因为在卢梭写作的时代,法国对童年的魅力和价值已经有了某种程度的尊敬。确实,卢梭自己曾引用一位老绅士的话:当路易十五问这位老绅士,拿17世纪和18世

---

[1] 贺拉斯·曼(Horace Mann,1796—1859),美国教育活动家。推广公共学校制度,对学校制度、教学内容和方法、女子教育等提出大量改革意见,因而有"美国公共教育之父"的称号。——译者注

纪相比,他更喜欢哪一个时,这位老先生回答道:"陛下,过去我用我年轻的岁月去敬重老人,现在我发现自己不得不用老年的时光去敬重青年。"不过,卢梭既是个有影响力的作家,也极富个人魅力。当伏尔泰和卢梭的敌人揭露卢梭把自己的孩子遗弃在孤儿院里时,他多数的追随者甚至拒绝相信这种说法。无论他个人有什么样的缺点,卢梭的作品激发了人们对儿童天性的好奇,而这种好奇一直持续到今天。我们可以公平地说,在学术上,弗里德里希·福禄培尔[1]、约翰·裴斯泰洛齐[2]、玛丽亚·蒙台梭利[3]、让·皮亚杰[4]、阿诺德·格塞尔[5]和A·S·尼尔[6]都是卢梭的继承人。(福禄培尔和裴斯泰洛齐毫不含糊地表示他们的思想归功

1　弗里德里希·福禄培尔(Friedrich Froebel,1782—1852),德国学前教育家。认为儿童具有活动、认识、艺术和宗教的本能,教育就是促进这种本能发展的过程。——译者注

2　约翰·裴斯泰洛齐(Johann Pestalozzi,1746—1827),瑞士教育家。认为教育的目的在于促进人的天赋力量的和谐发展。——译者注

3　玛丽亚·蒙台梭利(Maria Montessori,1870—1952),意大利女教育家和医生。她把教育看作促使儿童内在力量自我发展的过程,强调让儿童自由活动,认为让儿童进行各种感官练习是儿童获得知识的基础。——译者注

4　让·皮亚杰(Jean Piaget,1896—1980),瑞士心理学家,发生认识论和日内瓦学派的创始人。主张通过对结构整体的研究来了解儿童的智力发展,认为儿童的认知发展经过感知运动、前运算、具体运算和形式运算四个阶段。——译者注

5　阿诺德·格塞尔(Arnold Gesell,1880—1961),美国儿童心理学家。认为发展是内部因素起主导作用,从胚胎期到青年期的行为模式的变化与成熟都按一定顺序进行,可以预测。——译者注

6　A·S·尼尔(A. S. Neill,1883—1973),英国教育家。深信儿童生来具有无限潜在的力量,"自由"为儿童所必需,认为学校的纪律、指导、暗示和道德训练都应放弃。——译者注

于卢梭。）当然，他们的研究工作的出发点都是儿童的心理状态不同于成人，对这一点应单独评价。

卢梭的第二个思想是，儿童的知识和情感生活之所以重要，并不是因为我们必须了解它，才能教育和培养儿童，而是因为童年是人类最接近"自然状态"的人生阶段。卢梭非常重视这个状态，在这一点上，无人能跟他相提并论，包括他的学术继承人。在著名的《爱弥儿》一书中，卢梭探讨的是理想的儿童教育的问题。他只允许儿童读一本书：《鲁滨孙漂流记》（*Robinson Crusoe*）。仅此一本，因为该书展示了人如何能生活在一个"自然环境"里，并对它进行控制。卢梭执着于一种自然状态，相应地轻视"文明的价值"，他的态度引起了世人的关注。因为在他之前，没有人认为儿童的美德，比如自发性、纯洁、力量和欢乐，可以看作值得培养和赞美的特点。浪漫主义运动中的伟大艺术家也不会把童年的"生活的快乐"当作主题。尤其是华兹华斯（Wordsworth）的诗歌把成人描绘成"堕落的儿童"，赞美童年的纯真和自然。瓦格纳的《齐格弗里德》（*Siegfried*），经常被当作表现青少年美德的最有力的作品（比如阿里耶斯）。[1] 也正是在 18 世纪，我们应该记住，庚斯博罗[2] 画出了有

---

1 阿里耶斯，*Centuries of Childhood*, trans. By Robert Baldrick. New York：Random House, Vintage Books, 1962, 第 30 页。

2 庚斯博罗（Gainsborough, 1727—1788），英国肖像画家、风景画家。作品多以柔和的色调描绘贵族奢华的盛装和高傲悠闲的姿态，《蓝衣少年》是其代表作之一。——译者注

史以来最浪漫迷人的有关青少年的画作：他的《蓝衣少年》。

因此，当童年步入19和20世纪，当它穿越大西洋到达新的世界，童年的概念就包含了两组知识旋律。我们可以称它们为"洛克派"的或"新教派"的童年概念和"卢梭派"的或"浪漫主义派"的概念。以新教派的观点，儿童是未成形的人。唯有通过识字、教育、理性、自我控制和对羞耻感的培养，儿童才能被改造成一个文明的成人。以浪漫主义的观点，未成形的儿童不是问题，问题完全出在畸形的成人。儿童拥有与生俱来的坦率、理解、好奇、自发的能力，但这些能力被识字、教育、理性、自我控制和羞耻感淹没了。

这两派观点的不同，从洛克和卢梭各自所提出的对比鲜明的比喻中也可形象地反映出来。我相信有一点没有多少人注意到，例如，洛克把心灵比作刻写板，恰好描绘了童年和印刷之间的联系。的确，空白书写板的比喻把儿童看作一本尚未写好的书，随着那些书页被填满，儿童走向成熟。这个进程没有"自然"或生物性可言。这是个符号发展的过程：有秩序的、分阶段的、和语言息息相关的。对于洛克和多数18世纪的思想家来说，不识字和童年密切相关、不可分割，成年被定义为具备完全的语言能力。

另一方面，卢梭在《爱弥儿》中写道："植物通过耕耘获得改善，而人类则是通过教育获得进步。"在此，儿童被比作一株野生植物，几乎不能靠书本学习来获得改善。它的生长是有机的和自然的；童年只要不被文明造就的、有疾患的倾泻物所窒息已是万幸。对于卢梭，教育主要是个减少的过程；而对于洛克，这是个增加的过程。但不论这两个比喻有多少区别，它们共同关心的一点都是未来。洛克寄希望于教育带来一本丰富、多样和翔实的书；卢梭则希望教育带来一朵健康的花朵。记住这一点很重要，因为在当今有关儿童的比喻中，对未来的关心越来越少了。洛克和卢梭都毫不怀疑没有成人面向未来的指导，童年依然可以存在。

当然，在美国，尽管浪漫主义的观点从未完全消失过，但新教派的观点主宰了19世纪的大部分时间。的确，我们可以说，出版于1884年的美国最伟大的小说《哈克贝利·费恩历险记》（*The Adventures of Huckleberry Finn*），描述的是浪漫主义的例子，尽管书的结尾有些不明确。马克·吐温（Mark Twain）抨击那种认为儿童是未成形的人的观点，认为那只是最表面上的意义。他嘲笑所谓儿童的性格可以凭借社会"价值"得到巨大改善的断言。哈克贝利与生俱来的正义感和个人尊严，他的足智多谋和心理力量，他对生活纯粹的兴趣，所有这一切都是对浪漫主义童年观的支持，而且大约在美国内战时期，这成为重新评价童年本质的大潮流中的一部分。一如劳伦斯·克雷明（Lawrence Cremin）在《学校的转型》（*The Transformation of the School*）一书中显示的，进步的教育趋势可以追溯到那个时代。例如，1857年，一个最终以全国教育协会（the National Education Association）著称的机构建立起来了。1875年，特许证发给了纽约儿童保护协会（the New York Society for the Prevention of Cruelty to Children）。[1]［作为讽刺性的对照，我们可以思考这样一个事实：美国动物保护协会（the American Society for the Prevention of Cruelty to Animals）在1866年就成立了，几乎早了10年。］

尽管有哈克贝利·费恩这样的例子，我仍然不想给人一种印象——洛克派的观点开始陷入声名狼藉的境地，尽管更极端的加尔文主义的确是这样，即儿童被带坏了。毕竟洛克派的传统对关心和培养儿童有更高的要求，而且首先是儿童的语言教育。直到今天，在美国以及欧洲各地，洛克的断言不仅反映在学校里，而且反映在多数关涉儿童的社会机构里。但是，看来已经发生的情况是，有关童年本质的观点的确定性开始受到质疑。一般来说，洛克认为儿童是未成形的成人，需要接受文明改造的观点仍保持完好无损，而如何进行教育才不会破坏卢梭和浪漫主义运动所描绘的童年美德，则产生了许多问题。例如，1890年，儿童本性研究协会（the Society for the Study of Child Nature）成立了，并在会上处理了如下一些问题：

是否应该含蓄地要求学生顺从？

---

[1] 若想了解这个组织有趣的历史，参见 Payne, George Henry. *The Child in Human Progress*. New York and London: G. P. Putnam's Sons, 1916。

如何将正确的财产观念传达给儿童？

稍微年长的儿童究竟应该有多少权威？

严格坚持真实会阻碍儿童想象力的发展吗？[1]

提出这些问题的人显然不是卢梭的信徒，尽管他们也显然不希望教育的进程干扰儿童的成长；也就是说，他们接受了童年有其必须尊重的逻辑和心理特点的观念。

因此，在19世纪末，万事俱备，两个重要人物出现了。这两个人的研究最终建立了20世纪有关童年问题的一切讨论所使用的话语模式。值得一提的是，这两个人最有影响的书都是在1899年出版的。两本书都各抒己见，促使有思想的人提出这样一个问题：我们如何来平衡文明的要求和尊重儿童天性的要求？当然，我指的是西格蒙德·弗洛伊德（Sigmund Freud）的《梦的解析》（The Interpretation of Dreams）和约翰·杜威（John Dewey）的《学校与社会》（The School and Society）。这两个人和他们的研究都太有名了，因此无须做什么解释。但下述观点是必须要说明的：他们两个人结合起来，代表了从16世纪到20世纪童年旅程的综合和总结。

从一个科学的框架里出发，弗洛伊德声称，首先，儿童的头

---

[1] Wishy, Bernard. *The Child and the Republic*. Philadelphia：University of Pennsylvania Press, 1968，第117页。

脑里有一个无可否认的结构和特殊的内容，例如，儿童具有性能力，富有各种情结和本能的心理冲动。他还声称，在努力达到成熟的成年的同时，儿童必须战胜、抛弃和升华他们本能的热情。因此，弗洛伊德驳斥洛克的论调，赞同卢梭的观点：头脑不是一张空白的书写板；儿童的头脑的确最接近"自然状态"；天性的要求必须考虑在内，否则就会造成永久的人格错乱。与此同时，弗洛伊德又驳斥了卢梭的观点，赞同洛克的说法：儿童和家长之间早期的相互影响，对于决定儿童将来成为何种成人起着决定性的作用；通过理性教育，头脑的热情可以得到控制；没有压抑和升华，文明是不可能实现的。

同样地——虽然是从哲学的框架出发的——杜威论证说，儿童的需求必须根据孩子是什么，而不是将是什么来决定。无论在家里还是学校，成人必须问自己：这孩子现在需要什么？他或她现在必须解决什么问题？杜威相信，只有这样，儿童才会成为社区中对社会生活有建设意义的参与者。"假如我们认同童年真正的本能和需求，"他写道，"只需（要求他们）有最全面的主张和成长……待时机一到，成人生活的纪律和文化自然会出现在成长起来的儿童身上。"[1]

弗洛伊德和杜威澄清了自印刷术发明以来一直在发展的童年

---

[1] 杜威，*The School and Society*. Chicago：University of Chicago Press, 1899, 第55页。

概念的基本范例：儿童作为小男生或小女生的自我和个性必须通过培养加以保存，其自我控制、延迟的满足感、逻辑思维的能力必须被扩展，其生活的知识必须在成人的控制之下。而同时，人们应理解儿童的发展有其自身的规律，儿童天真可爱、好奇、充满活力，这些都不应被扼杀；如果真被扼杀，则有可能失去成熟的成年的危险。

20世纪所做的有关童年心理的研究，例如，让·皮亚杰、哈里·斯塔克·沙利文[1]、卡伦·霍妮[2]、杰罗姆·布鲁纳[3]或劳伦斯·科尔伯格（Lawrence Kohlberg），都不过是对童年的基本范例的评论而已。没有人怀疑儿童与成人不同。没有人怀疑儿童必须努力达到成年。没有人怀疑儿童成长的责任在于成人。实际上，没有人怀疑在照料孩子方面，成人表现得最出色、最文明。这句话是有道理的，因为我们必须记住，现代童年的范例也是现代成人的范例。当我们谈论我们希望孩子成为什么的时候，其实是在说我们自己是什么。我们甚至可以大言不惭地说，如果说在西方文明中人的移情和情感，即单纯的人性，有所成长的

---

[1] 哈里·斯塔克·沙利文（Harry Stack Sullivan, 1892—1949），美国精神病学家。曾提出一种以人际关系为基础的精神病学理论，认为焦虑及其他精神病症状，源出于个人与其周围环境之间的基本冲突。——译者注

[2] 卡伦·霍妮（Karen Horney, 1885—1952），现代心理学家。新弗洛伊德主义的主要代表之一。强调人格发展的社会文化因素，认为心理冲突、精神障碍和不良适应的根源是社会矛盾。——译者注

[3] 杰罗姆·布鲁纳（Jerome Bruner, 1915—　），美国心理学家、教育家，研究过幼儿知觉、学习、记忆等，对美国的教育系统产生过影响。——译者注

话，那么它始终是跟随童年的脚步一起成长起来的。菲尔兹[1]说过，痛恨儿童的人，不一定都是坏人。西方400年的历史演变恰好驳斥了这种论调。当然，我们不能对一个伟大的喜剧演员不公平。他这句话的本意是个笑话，从一个恶毒的讽刺观点引申而来。人们禁不住会想，当今天童年从我们的股掌间滑落时，不知菲尔兹会开什么样的玩笑。

1　W·C·菲尔兹（W. C. Fields，1880—1947），美国演员。以擅长讽刺及装腔作势的幽默表演而成为美国最伟大的喜剧演员之一。——译者注

第二部分 | 童年的消逝

第 5 章

结束的开端

1850年到1950年这个阶段代表了童年发展的最高峰。我们现在应该特别注意美国。这些年，美国做过一些成功的努力，使儿童走出工厂，进入学校，穿着自己的服装，使用自己的家具，阅读自己的文学，做自己的游戏，生活在自己的社交世界里。在100部法典里，儿童被划分到与成人有本质上不同的类别；在100条习俗里，儿童被安置在受惠的地位，被保护而不受成人生活的怪异变幻的困扰。

正是在这个阶段，已成成规的现代家庭建立了起来，而且，假如我们接受劳埃德·德莫塞的年代表，在这个阶段，家长开发出了给他们的孩子以无微不至的同情、温柔和责任的心理机制。这并不是说童年从此就变得像田园诗般美丽了。如同生活的任何一个阶段，它过去是，现在依然是充满了痛苦和迷茫。但是，到了世纪末，童年进而被看作每个人与生俱来的权利，成为一个超越社会和经济阶级的理想。不可避免地，童年开始被定义为生物学的范畴，而不是文化的产物。因此，这是个极为有趣的讽刺，因为在同一时期，使童年概念诞生的符号环境却缓慢地、不易察觉地开始瓦解。

如果一定要找出一个人对新兴的、没有儿童的年代负责的话，那么，这个人一定是纽约大学的塞缪尔·莫尔斯教授。因为正是莫尔斯发送了地球上有史以来的第一份公共电子信息，他对此应负有主要责任。像古登堡一样，他根本不知道他的发明可能导致什么结果，虽然他明确承认自己并不知道自己所发的著名的电码信息："上帝究竟干了什么？"[1]

出于对历史的兴趣，应该在此提请大家注意，莫尔斯对用电来传播信息的可能性的痴迷，是 1832 年在他乘坐"萨利"号（Sully）时发生的。在船上，他第一次了解到电能够在瞬息被传送到电线所及之处，无论电线有多长。据说，莫尔斯下船时对船长说："假如哪天你听说电报这个世界奇迹，记住它是在美妙的'萨利'号上被发现的。"

当莫尔斯在"萨利"号上旅行时，查尔斯·达尔文正在英国海军舰队的"小猎犬"号（H. M. S. Beagle）上做观察。这些观察最后使《物种起源》（*The Origin of Species*）一书得以诞生。传

---

[1] 对于莫尔斯究竟有没有发送这个信息，素来有些争议。其实，一个专家声称莫尔斯公开发送的第一个信息表达的是完全不同的意思。他的电报内容是"宇宙，请注意"。

统的说法是，达尔文始于 1831 年 12 月的旅行是震撼世界的大事，其结果是驱除了神学的幻想，并代之以科学的假设。我毫不怀疑这种说法，只是想说莫尔斯的旅行对世界文化所产生的重要意义要远远超过达尔文。达尔文提出的观点，影响的大多是学者和神学家。人们甚至可以怀疑他的理论对人们实际的日常生活究竟有多少影响，或者它是否改变了他们的习俗和思维习惯。在我写此书时，数以百万计的美国人正在从事诋毁达尔文思想所包含的各种假设。他们的努力是徒劳和可怜的，但这并不重要，因为简单地说，没有进化论，人类照样可以生存。可是，每个人都必须面对电子传播的局面。无论你在哪里生活、如何生活，或凭借何种信念生活，正是莫尔斯，而不是达尔文，主宰了人们处理事情的方式，以及引导人们意识的方向。这个事实显然不是为莫尔斯个人歌功颂德，而是证实了克里斯汀·尼斯纯（Christine Nystrom）所说的技术的"无形的形而上学"。达尔文和莫尔斯之间有一个区别：达尔文为我们提供了体现在语言上的思想。他的思想明晰、可论证、可驳斥。的确，自 1860 年以来，达尔文的思想在演讲厅、课堂上甚至法庭上已经被公开地辩论过了。但是，莫尔斯为我们提供的是体现在技术上的思想，也就是说，它们是隐藏的、看不见的，因此从未被论证过。从某种意义上说，莫尔斯的思想是不可辩驳的，因为没人知道电子传播隐含着什么样的思想。就像所有的传播技术一样，人们假定电报是个中性的传播工具，它没有自己的世界观，因此不存在偏袒哪一方的问题。人们会向莫尔斯提出的唯一问题是：这台机器究竟能不能用，电报能传多远，开发这项技术，花费究竟是多少。

我说没有人知道电报所隐含的意义，其实并不准确。梭罗[1]知道。或者人们可以这么猜测。据说，当梭罗被告知，通过电报，一个在缅因州的人可以即刻把信息传递给在得克萨斯州的人时，他问道："可他们之间说些什么呢？"没有人会把这个问题当真。其实，提这样的问题，梭罗是把人们的注意力转向电报所带来的心理的和社会的意义，尤其是它改变信息本质的能力，即从个人的和地区性的到非个人的和全球性的。120年之后，马歇尔·麦克卢汉试图解决梭罗提出的问题：

> 当人生活在电子的环境中，他的本性改变了，他的私人属性融入了社团整体。他变成了一个"大众人"（Mass Man）。大众人是在电子速度下产生的一个现象，不是有形的量的现象。大众人最初是在无线电时代被注意到的一个现象，但是，随着电报的出现，它在不引人注意的情况下悄悄诞生了。[2]

虽然麦克卢汉非常善于夸张，但依我之见，这一回他丝毫也

---

[1] 梭罗（Henry David Thoreau, 1817—1862），美国作家。主张人类回到自然，曾在瓦尔登湖畔隐居两年，体验简朴生活。——译者注

[2] 引自 *Dreadnaught Broadside*，一本由多伦多大学的学生制作的小册子。

没有夸大其词。电报是第一个使信息的传播速度超越人体速度的传播媒介。它打破了历史上交通和传播之间的联系。在电报发明之前，所有的信息，包括用书面表达的，只能以人体的速度进行传播。电报则一笔勾销了人类交流过程中时间和空间之间的障碍，使信息从时空中脱离出来，远远超过了书写和印刷文字的传播能力。因为电子的速度并不是人类感官的延伸，而是完全脱离了人类的感官。它把我们带入一个同时性和瞬间性的世界，这是人类历史上从没有经历过的。这样，它消灭了作为传播的一个方面的个人风格，其实也就是人类个性本身。从一开始，电报的内容使用的就是一种仪式性的语言，不属于任何人的方言，几乎没有留下任何空间可以让传播者表达个性。在此，我所指的不是把电报作为即时信件，向人们传送生日祝福和周年庆贺，虽然这一类电报用的也是直来直去的语言。更确切地说，我指的是电报作为新闻传播者这个主要用途。电报把信息从个人拥有转变为一个在世界范围内有价值的商品，从而创造了"新闻事业"。在19世纪40年代，威廉·斯温（William Swain）和阿莫斯·肯德尔（Amos Kendall）开辟了一个全国性的新闻电报业务。1848年，美联社（the Associated Press）正式成立了。当美国为了寻求电子的快速而普遍使用电报时，无可避免的是，信息变得比信息来源更重要。在此我们要记住一个比喻：在古代，传送坏消息的信使常常会遭到砍头的厄运。这也就是要让说话者对所说的话负责任，这是对人的个性的最崇高的赞美。有了电报，新闻就变得具体化了，常常使用"它"或"它们"，就像是"据新闻说……"或者"据它们说……"。有了电报之后，没有具体的个人需要对新闻承担责任。如同报纸一样，电报面向的是全世界，而不是某个个人。但不同于报纸，它的信息没有可以辨认的来源。用爱德华·爱泼斯坦（Edward Epstein）的话来说，新闻不知从何而来。实际上，莫尔斯在早期的一个展示中发过一条"宇宙，请注意"的信息。这好比电报在对整个宇宙讲话。或许，莫尔斯心里终究还是非常明白的。

总之，对梭罗的问题的答案最终是，在缅因州的人跟在得克萨斯州的人讲了什么并不重要。人们在电报里所"说"的，跟梭罗所用的"说"这个词的含义不同。电报的作用在于它创造了一个匿名的、不需要上下文的信息世界，这样，缅因州和得克萨斯州之间的地域差别就越来越无足轻重了。电报还使历史退回到背景中，扩大了现在的即时性和同时性。但是最重要的是，电报开始使信息变得无法控制。由于电报给我们提供了不知从哪儿来的新闻，它也使新闻以前所未有的数量出现，因为信息的数量是随着新闻产生和传播的速度而波动的。不知从哪儿来的新闻意味着处处都是新闻，一切都是新闻，而且没有特别的顺序。电报创造了读者和市场，他们不仅消费新闻，而且消费各种支离破碎的、不连贯的、基本上互不相干的新闻。这些直到今天仍是新闻事业的主要商品。在电报发明之前，由于跨越空间传播信息在技术上有困难，新闻往往是有选择的，跟人们的生活密切相关，这足以说明梭罗为什么会提那个问题。有了电报之后，新闻变得没有选择、不可用，至少以梭罗这样的人的观点来看是如此。确实，只要我们稍加引申，就可以说电报有助于创造一个新的智力的定义，因为随着整个世界信息泛滥，一个人知道多少的问题要比一个人知道如何运用已知信息的问题重要得多。

所有这一切对童年的发展有着非常重要的意义。童年，如我努力揭示的，是一种环境的结果。在这个环境中，一些专为成人控制的、特定形式的信息，通过分阶段用儿童心理能吸收的方式提供给儿童。如何维护童年的概念，则有赖于信息管理的原则和有序的学习过程。但是，电报开始争夺原来属于家庭和学校的信息控制权。电报改变了儿童所能享用的信息的种类、信息的质量和数量、信息的先后顺序以及体验信息的环境。

当然，如果仅仅电报就把电子传播的一切可能耗费殆尽，那么很可能文字世界的社会结构和知识结构大半会保持完好无缺，尤其是童年的概念不会受到太大的影响。但是，电报不过是后来将要发生的一切的凶兆而已。在1850年至1950年间，美国的传播结构由于一个接一个的发明而被瓦解了，随后又重新改组。这些发明包括轮转印刷机、照相机、电话、留声机、电影、收音机和电视。我把轮转印刷机和照相机包括在内，是想指出，电子媒介并不是导致一个新的符号世界产生的唯一因素。与电子媒介的发展相对应，丹尼尔·布尔斯廷[1]所说的"图像革命"也在展开，一个以图画、漫画、招贴和广告构成的符号世界正在兴起。[2] 电子革命和图像革命二者结合起来，代表了一个互不协调，却对语言和识字有着很强的攻击力，把原来的理念世界改造成为光速一样快的画像和影像的世界。

这个发展的意义再怎么强调都不为过，因为，虽然传播速度飞快，使信息的管理变得非常困难，但是大批量生产的图像改变了信息的形式：从散漫的到集中的，从提议式的到呈现式的，从理性的到感性的。语言是经验的抽象表述，而图像则是经验的具体再现。一幅图，也许的确值 1000 个字，但它绝不等于 1000 个字，或 100 个字，或两个字。语言和图画是两个不同的话语世界，因为一句话总是，也首先是一个想法，也就是说是想象中的一件事。大自然本身并不存在什么"猫""工作"或"葡萄酒"这样的东西。这些词是我们通过观察自然、进行归类总结后得出的概念。图画本身并不表示概念，它们展现实物。图画不同于句子，是不可辩驳的。这句话说得再多也不过分。图画不会提出一个意见，它不隐含自身的对立面和对自身的否定，它无须遵守任

1　丹尼尔·布尔斯廷（Daniel Boorstin, 1914—2004），美国社会历史学家和教育家，以研究美国文明史闻名。主要著作是三卷本的《美国人》。——译者注

2　布尔斯廷, *The Image*. New York: Harper & Row, Colophon Books, 1961.

何证据规则或逻辑。[1]

因此，从这个意义上说，图画和其他图像可被看作"认识上的一个倒退"［用雷金纳德·戴姆拉尔（Reginald Damerall）的话说］，至少跟印刷文字对比是如此。印刷文字要求读者对它的"真实内容"有积极的反应。人们也许不一定总能做出评价，但是，从理论上说，只要人们有足够的知识或经历，评价是能够做到的。但是，图画要求观画者有审美的反应。图画要求我们诉诸感情，而不是理智。它们要求我们去感觉，而不是思考。这就是为什么鲁道夫·阿恩海姆在反思图像革命和预期它在电视上的大量表现时曾经警告说，它很可能对我们的头脑有催眠作用。"我们绝不能忘记，"他写道，

> 在过去，人类不能把直接经验传递给别人，这使得使用语言成为必须，同时也迫使人类的头脑开发概念。为了描述各种各样的东西，人类必须从具体中衍生出一般、笼统的概念；人类必须选择、比较、思考。然而，当传播通过用手指比画即可实现时，我们的嘴巴沉默

---

[1] 若想更全面地了解符号表示的不同形式所带来的认识上的偏见，参见 Langer, Susanne K. *Feeling and Form*. New York：Charles Scribner's Sons, 1953。Salmon, Gavriel. *The Interaction of Media, Cognition, and Learning*. San Franciso：Jossey-Bass, 1979。或 Postman, Neil. *Teaching As a Conserving Activity*. New York：Delacorte Press, 1979。尤其是后者，第 47—70 页。

第 5 章 结束的开端／101

了,写作的手也停下来了,因此头脑便开始萎缩了。[1]

这番话早在 1935 年便已写成,当时图像信息环境尚未完全成熟。1945 年以后,很遗憾的是,阿恩海姆的预言成为罗伯特·L·海尔布隆纳的断言中的事实。海尔布隆纳断言说,图像广告始终是削弱文字世界各种前提条件的最具摧毁性的力量。[2] 如同罗兰·巴特(Roland Barthes)一样,他的话是暗示大批量生产的图像会向政治界和商业界引入一个长久和普遍的非理性因素。[3] 从照片到电影,最后到电视,一个候选人的"形象"变得比他的政纲更重要,一个产品的"外形"变得比它的实际用途更重要。阿恩海姆、海尔布隆纳和巴特在做出这些结论时含蓄地指出,图像革命对童年的地位起了多么巨大的作用。因为他们探讨的是,这个新兴的符号世界其实并不能支持保证童年概念存在所需要的社会和知识的等级制度。

在进一步阐述如今正在发生的转变的细节之前,我必须再提一下这种局面本身所具有的嘲弄意味:在 1850 年到 1950 年间,美国花费了巨大的努力来使其变得有文化,提升文化态度的价值

---

[1] 阿恩海姆(Rudolf Arnheim),*Film As Art*. Berkeley:University of California Press,1957,第 195 页。

[2] 罗伯特·L·海尔布隆纳(Robert L. Heilbroner),"The Demand for the Supply Side." *The New York Review of Books*,Vol. 28, No. 10, June 11, 1981,第 40 页。

[3] 巴特,*Mythologies*,trans. By Annette Lavers. New York:Hill & Wang,1977,第 91 页。

观。但与此同时，电子速度和大批量生产的图像正互相勾结，试图削弱那些努力和那种态度。到1950年，这两个符号世界的竞争最终引起人们的关注，其中的讽刺意味也自然显露出来。一如许多其他的社会产物，童年在被当作永久存在之物的同时，也开始变得陈腐不堪。我之所以选择1950年，是因为在那一年，电视在美国家庭中牢牢地扎下了根。正是通过电视，我们看到电子和图像革命走到一起来了。因此，正是通过电视，我们很清晰地看到区别童年和成年之间的界限的历史根基是如何和为何被破坏殆尽的。

当然，我们生活的时代只是电视的摇篮期。印刷机发明之后，过了60年，印刷商才想出为书编页码的想法。谁知道电视的未来又会如何？也许未来，尚未出生的一代人会发明出新奇而深刻的用法。可是，假如以商业广播电视目前的状况来看，我们可以清楚地看出，一个新兴的社会结构模式必然会使童年"消逝"。这里有几个原因，在此我将阐述其中之一。其他的，我会在接下来的两章里分别论述。

首先涉及信息的可获得性。这反过来又与信息是以何种形式编码密切相关。3500年前，从象形文字到字母书写系统的转变，就是我希望在此说明的观点的一个很好的例证。[1] 在字母被发明

---

[1] 严格地说，闪米特人的"字母"是音节文字，不是真正的字母，但转变到语音文字的确是西方文化心理史上一个重要的事件。

之前,"读者"需要学会一大堆的符号,才能理解一条书面信息。学习符号的任务非常艰巨,只有一部分人能够完成。那些的确学完所有符号的人需要将其毕生精力投入到这个事业。不过,这是一件值得做的事。拥有这些独特技能的结果,使他们能够积累巨大的政治和宗教的权力。当一群人拥有一般大众所不能获得的秘密时,出现这种情况一点儿也不足为奇。换句话说,图像文字创造了一个独特的社会、政治和宗教的结构。一如伊萨克·泰勒(Isaac Taylor)在《字母的历史》(*The History of the Alphabet*)中所指出,随着字母的出现,这个结构被推翻了。曾几何时,由牧师和抄写员"垄断的知识"被一个相对简单和单纯的书写系统彻底粉碎,从此书面文字所写下的各种各样的秘密开放给了大量的人民。

同样地,16 至 20 世纪的书籍文化创造了另一种知识垄断。这一次,是将儿童和成人分离。一个完全识字的成人能接触到书中一切神圣的和猥亵的信息,接触到任何形式的文字和人类经历中有记录的一切秘密。大体上,儿童则不能。正因为如此,所以他们是儿童,他们被要求去上学。

诚然,印刷的英语字母要比苏美尔人的象形文字易学得多,因此多数儿童能够努力达到成年。不过,语音文字并不那么容易学,这里有两个原因。首先,因为成熟的阅读是一种即刻的识别能力,也就是一种下意识的条件反射,阅读的习惯必须在获取口头语的过程中形成。在口语阶段之后才试图学习阅读的人——如果可能的话——很少能成为流利的阅读者。[1] 因此，阅读指导必须从早期开始，从儿童在生理上还不适应严格的静止状态时开始。这也是儿童日后发现阅读困难的一个原因。另一个，也是更重要的原因是，学习阅读不只是一个简单的、学习"破解密码"的过程。当人们学习阅读时，是在学习一种独特的行为方式，其中一个特点就是身体静止不动。自我约束不仅对身体是一种挑战，对头脑也是一种挑战。句子、段落和书页被一句句、一段段、一页页慢慢地翻开，按先后顺序，并且根据一种毫不直观的逻辑。阅读时，人们必须等待着获得答案，等待着得出结论。而在等待的时候，人们被迫评价句子的合理性，或至少要知道何时并在何种条件下暂停批评性的判断。

学习阅读是学习遵守复杂的逻辑和修辞传统的规则。它们要求人们以谨慎严格的态度对待句子的分寸，当然，随着新的元素按顺序展开，还要不断地修改句子的意义。一个识字的人必须学会反省和分析，有耐心和自信，保持镇静自若，经过适当考虑后，对文本的信息做出拒绝。这种行为方式，未成年人是很难学会的。它确实必须分阶段学习，正因为如此，所以我们期待年幼的读者首先释义，而不是批评。正因为如此，人们不会期待一个 8 岁的孩子去读《纽约时报》，更不用说柏拉图的《理想国》(*The Repub-*

---

[1] 有关这一点的讨论，参见哈夫洛克，*Origins of Western Literacy*. Toronto：Ontario Institute for Studies in Education, 1976。

lic）了。正因如此，自 16 世纪以来，成人有强烈的审查儿童阅读材料的冲动。这种行为合理性的前提是，儿童还没有掌握足够的"阅读态度"可以来延迟相信他们所阅读的内容。（让儿童轻信所阅读的内容显然没什么困难。）除了一些例外，成人的阅读行为很少在 14 或 15 岁之前发展完成（当然，在有些情况下根本没有完成）。因此我们必须牢牢记住，学校的课程设置本身，一直是成人对儿童阅读内容做强行审查的最严格、最持久的表现。四年级、七年级或九年级所读的课本之所以被选中，不仅是因为它们的词汇和句法结构被认为适合于某个特定年龄的儿童，而且是因为其内容被认为包含适合于四年级、七年级或九年级学生的信息、思想和经历。人们假定四年级的学生还不知道七年级学生的经历，同样，一个七年级的学生也不知道九年级学生的经历。这样的假定可以在以印刷为基础的文化中合理地实现，因为直到今天，印刷的文字尽管看上去容易接近，实际上掌握起来却足够困难，要获得适当的阅读态度也并非易事。这二者造成的结果是，不仅在儿童和成人之间，甚至在年幼的儿童和青少年之间，也竖起了屏障。

然而自从有了电视，这个信息等级制度的基础就崩溃了。电视首先是一个视觉媒介，对于这一点，阿恩海姆早在 1935 年就了然于胸，而今天，《芝麻街》（*Sesame Street*）的爱好者们却还蒙在鼓里。虽然人们在电视上听得到语言，虽然语言有时也确实重要，但正是图画在主宰观众的意识，传播最关键的意思。用一句最简单的话来说，就是人们是看电视。人们不阅读电视，也不大会去听电视。重要的是看。这对成人和儿童、知识分子和劳动者、傻子和智者都没什么两样。他们看的是动态的、时常变换的图像，每小时多达 1200 幅的图像。对于电视，人们常有一种天真的幻想，以为电视节目的感知层次可以是多种多样的。这样的多样性确实是可能的，如果电视被用来复制演讲堂，比如《朝阳学校》(*Sunrise Semester*)。以此为例来说，人们在屏幕上所看到的是"讲话者的特写头像"，这些头像发出一连串的句子。正因为这些句子可以是正确的或错误的、复杂的或简单的、聪明的或愚蠢的，所以《朝阳学校》的感知层次才能够变幻无穷。不过，这样的电视用途是很罕见的，其中的道理跟 747 飞机不会被用来传送纽约和纽瓦克（Newark）之间的邮件一样：用它来完成这样的任务太不合时宜了。尤其是，电视并不是演讲堂。它是一个影像展示，是象形媒介，而不是语言媒介。正因为如此，所以像《人之上升》(*The Ascent of Man*)[1] 和《宇宙》(*Cosmos*)[2] 这样"阳春白雪"的节目，无论他们如何努力做成好电视节目，也必须把关注的焦点放在不断变化的视觉图像上。（也正因为如此，所以《宇

1　这是一部 13 集的英国电视系列片，旨在向一般观众概要介绍科学发展的历史。此节目由数学家、生物学家雅各布·布洛诺夫斯基（Jacob Bronowski）主持，从开始制作到播映历时 5 年，1969—1974 年。——译者注

2　第一部成功的有关科学的电视片，卡尔·萨根是片中的人类明星。到 1997 年萨根去世时，有 5 亿观众看过这部电视片。萨根也因此成为世界上最著名的科学家。——译者注

宙》结果多半是在展示卡尔·萨根的个性魅力。出现这样的结果绝非偶然。）人们最好还要记住，电视节目的一个镜头，其平均长度是 3 到 4 秒；一个商业广告镜头，其平均长度是 2 到 3 秒。这意味着，看电视要求观众必须在瞬间理解画面的意义，而不是延后分析解码。它要求观众去感觉，而不是去想象。

电视向人们提供了一个相当原始而又不可抗拒的选择，因为它可以取代印刷文字的线性和序列逻辑的特征，所以往往使文字教育的严谨显得没有意义。看图片不需要任何启蒙教育。在学习解释图像的意思时，我们不需要上语法、拼写、逻辑或词汇之类的课程。我们不需要《麦加菲读本》（*The McGuffey Reader*）[1]之类的读物，不需要准备，不需要进行先决条件的训练。看电视不仅不需要任何技能，而且也不开发任何技能。如戴姆拉尔所指出的："无论孩子还是成人，电视看得再多也不能使他们看得更好。看电视所需要的技能很基本，所以我们还不曾听说过有关看电视的残疾。"[2] 书籍在词汇和句法上的复杂性可以千差万别，可以根据读者的阅读能力分成等级。与书籍不同，电视图像人人都能看，人人都可以看，无论年龄大小。根据丹尼尔·安德森（Daniel Anderson）和其他人的研究，儿童长到 36 个月时，已经开始有系统地注意看电视画面了。到那时，他们已有了自己最喜

---

[1] 教授阅读的书。首次出版为 1836 年，该书从教字母、拼写开始至较复杂的阅读。——译者注

[2] 选自麻省大学的雷金纳·戴姆拉尔的一本未出版的书中的一个章节。

欢的节目，会唱广告歌曲，会要电视广告上看到的产品。[1] 不过，电视节目、商业广告和各种产品并非只针对3岁的孩子。他们完全没有道理这么做。就符号形式而言，《拉芙妮与雪莉》（*Laverne & Shirley*）跟《芝麻街》一样简单易懂；麦当劳的广告跟施乐（Xerox）的广告一样一目了然。事实上，正因为如此，所以对于电视来说，专门为儿童制作的节目是不存在的，所有的节目都是给每个人看的。

关键的问题是，电视传播的信息是一种无须分辨使用权的形式，这就意味着电视节目不需要以"儿童"和"成人"来进行分类。的确，为防有人怀疑我夸大其词，值得提一下的是，在一年里每天晚上的十一点到十一点半，大约有300万儿童（年龄在2岁至11岁之间）在看电视；在十一点半到午夜，有210万儿童在看电视；在凌晨十二点半到一点，有110万儿童在看电视；在凌晨一点到一点半，有略少于75万儿童在看电视。[2] 出现这种情况，不只是因为电视的符号形式在认知方面毫无神秘可言，而且是因为电视机不能藏在柜子里或放在架子上束之高阁，让儿童够不着，即电视的外在形式跟它的符号形式一脉相承，不能使它具有排他性。

1　对年幼儿童的行为有兴趣的读者可以参考麻省理工学院教授丹尼尔·安德森的研究。

2　Mankiewicz, Frank, and Joel Swerdlow, *Remote Control*. New York：Ballantine Books, 1979, 第17页。

综上所述，我们可以断定，电视侵蚀了童年和成年的分界线。这表现在三个方面，而它们都跟电视无法区分信息使用权密切相关：第一，理解电视的形式不需要任何训练；第二，无论对头脑还是行为，电视都没有复杂的要求；第三，电视不能分离观众。借助其他电子的、非印刷的各种媒介，电视又重新创造出14、15世纪就存在的传播条件。从生物学上来看，我们人人具备观看和解释图像的能力，还有能够听明白跟多数图像的背景相关的语言的能力。正在兴起的新媒介环境在同一时间向每个人提供着同样的信息。鉴于我所描述的这种情况，电子媒介完全不可能保留任何秘密。如果没有秘密，童年这样的东西当然也不存在了。

第 6 章

一览无余的媒介

维达尔·沙逊（Vidal Sassoon）是个著名的美发师。他有一段时间曾有过自己的电视节目。节目的内容包括美容提示、饮食信息、名人崇拜和流行心理学。每当节目告一段落时，主题音乐就会响起，留给沙逊算好的时间说："别走开。广告过后我们介绍精彩的饮食新品，然后再略谈一下乱伦的问题。"

在我写此书时，菲尔·多纳休（Phil Donahue）有一档每周5次的电视节目。他是个严肃负责的人，显然相信任何主题都能够而且都应该在电视上"处理"。但即使不相信这一点，他还是会这么做的：每周5次，每天1小时，每年52周，几乎没有时间可以吹毛求疵、精心挑选或对什么主题表示尴尬。当"处理完"国防预算问题、能源危机、妇女运动和街头罪案，人们或早或晚，必然要转向乱伦问题、男女乱交、同性恋、施虐和受虐狂问题、各种不治之症以及成人生活的其他秘密。人们甚至可以转而去看一种心理脱衣舞：比如斯坦利·西格尔秀（*The Stanley Siegel Show*）定期播放的一段节目。在节目中，高度紧张的主持人斜靠在沙发上，一名心理学家在一旁"分析"主持人各种各样的情感，包括对父母、性问题和他危险的自我认同问题。

此时此刻，我们暂且不去讨论电视将文化弄得支离破碎的问题。［例如，希腊悲剧诗人索福克勒斯（Sophocles）对人们企图在电视上"略谈"乱伦会有何种看法？弗洛伊德对人们把心理分析当作杂耍剧又会做何感想？］有一个问题必须优先回答：为什么电视要强行把整个文化从壁橱里全部搬出来示众？为什么人们本应在心理学家的沙发上和忏悔室里交流的话题，要恬不知耻、堂而皇之地成为公开讨论的话题？

我认为答案是显而易见的，虽然有些人会强词夺理，提出一些天真的理论，说电视台的主管们如何用心险恶，企图掩盖问题的根源。而明明白白的事实是，电视基本上是24小时不停地播映，它的外在形式和符号形式都使它没有必要，其实也不可能将观众加以区分。它要求不断有新鲜而有趣的信息来吸引观众。因此，电视必须发掘利用文化中每一个现存的禁忌。无论这个禁忌是在谈话节目中被揭示出来的或作为肥皂剧和情景喜剧的主题，还是在商业广告中曝光的，这些都无关紧要。电视需要素材。电视需要素材的方式不同于其他媒介。电视不单是图画的媒介，它是以当下为中心的、传播速度像光速一样快的媒介。电视的偏见，因此也包括电视的职责，是传动信息，而不是收集信息。电视不能停留在一个主题上或深入挖掘一个主题，因为这些是静态的、直线形式的排版所非常适合做的事情。比如，我们可以有50本有关阿根廷历史的书，500本有关童年的书，以及5000本有关美国内战的书。如果说电视能为这些主题做些什么的话，它只能做一次，随后转向其他话题。正因如此，电视成为丹尼尔·布尔斯廷所称的"伪事件"的主要制造者。他所说的"伪事件"，是指为了公众消费而筹划的事件。[1] 电影艺术科学院奖、美国小姐竞赛、对各种名流进行"非难"、年度乡村音乐协会奖、电视网络明星之间的争斗、新闻发布会，凡此种种，它们之所以存在，是因为电视需要素材，而不是现实需要。电视并不真实记录这些事件；电视制造事件。之所以需要制造事件，并不是因为电视台的主管缺乏想象力，而是因为他们的想象力非常丰富。他们深知电视在观众中激发出一种对新奇事物和公开揭露问题的永不满足的欲望，电视生动的视觉图像并不是给专家、研究人员或者任何希望从事分析活动的人看的。且用多萝西·辛格（Dorothy Singer）、杰罗姆·辛格（Jerome Singer）和黛安娜·朱克曼（Diana Zuckerman）所喜欢的一个比喻，看电视就好比参加一个聚会，但满座宾朋都是你不认识的。[2] 当你在房间里走动时，每隔几秒钟就会被引见给一个新人。一般预期的效果是兴

---

[1] 对布尔斯廷关于伪事件的想法的发展过程，参阅他的《图像》（The Image）。
[2] 参见辛格和朱克曼的《教学电视》（Teaching Television）。

奋,但最终你很难记住客人的名字或者他们都说了些什么,甚至他们干吗在那儿。不管怎样,即使你知道上述问题的答案也无关紧要,反正明天又是另一个聚会。此外,还需要加上一个事实,那就是你仍会被引诱回来,不只因为有可以见到新客人的承诺,还因为他们每个人都有可能透露一些引起人们相当兴趣的秘密。换句话说就是:"别走开,明天我们略谈一下乱伦的问题。"

只要目前竞争激烈的商业广播体制存在一天,这种局面就会持续下去。人们猜想,假如各大电视网的主管和节目导演明天被——比如说——哈佛神学院的教师取而代之,从长远来看,电视节目最终依然会维持现状,不会有太大的不同。[1]

如同字母书写和印刷书籍,电视敞开了秘密,使以前私密的事得以公之于众。[2] 但不同于书写和印刷,电视绝不可能限制人们获取信息。识字文化最大的自相矛盾之处,就在于当识字文化使秘密广为人知的时候,它同时也为获得秘密制造了障碍。人们必须接受严格的学术教育,才能有资格理解书本上更深奥的秘密。人们不得不缓慢地、按部就班地甚至痛苦地进步,与此同

---

[1] 当然,通过政府干预来控制电视,并由此控制可供大家享用的信息内容是可能做到的。其实,在世界上大多数国家,情况正是如此。但是,无论何时,无论何地,只要电视节目不受政府严格的限制,美国的模式就会被仿效。

[2] 若想了解电视如何使"背后地带"的信息公之于众的精彩论述,参见约书亚·梅罗维茨(Joshua Meyrowitz)的《消失的地域:电子媒介对社会行为的影响》(*No Sense of Place: the Impact of Electronic Media on Social Behavior*),牛津大学出版社,1985年。

时，人的自我约束和概念思维的能力也得到了丰富和扩展。我 13 岁时曾听说过一本书。对那件事，我仍然记忆犹新。那是亨利·米勒[1]的《北回归线》（*Tropic of Cancer*）。当时有人向我保证，凡是想要了解性秘密的人一定要读这本书。可是，要看这本书所要解决的问题就有一大堆。举例来说，首先，这本书很难找；其次，还要花钱；再次，还要去阅读。因此，书里的许多内容我并不理解。甚至连一些引人注目的特别段落，前面的读者很周到地在下面画了线，需要充分发挥想象力，而那样的想象力以我的阅历总是很难产生的。

对比之下，电视是一种敞开大门的技术，不存在物质、经济、认知和想象力上的种种约束。6 岁的儿童和 60 岁的成年人具备同等的资格来感受电视所提供的一切。从这个意义上说，电视是完美无缺的平等主义的传播媒介，胜过口语传播。因为说话时，我们总可以压低声音，不让儿童听见，或者我们可以使用儿童听不懂的字眼儿。但电视不能轻声低语，它的图像既具体又不言自明。儿童能看见电视播出的所有节目。

这种状况最明显的结果是，它排除了世俗知识的排他性，因此，也排除了儿童和成人之间一个根本的不同。从社会结构的基本原则来看，这样的结果也会发生：一个群体主要是依据其成员

---

1 亨利·米勒（Henry Miller, 1891—1980），美国作家。他的自传性小说写得非常坦率，对性生活的描写非常露骨，使这些作品形成 20 世纪中期文学上的一股潮流。——译者注

所拥有的特定信息来决定的。假如人人都懂得律师所了解的一切，律师就无须存在了。假如学生知道老师所知道的一切，也就无所谓老师和学生之间的差别了。的确，假如五年级的学生知道八年级的学生所了解的知识，划分年级就完全没有意义了。萧伯纳曾经说过，一切职业都是针对外行的阴谋。我们可以扩展这个说法，说任何一个群体都是针对不在这个群体里的人的"阴谋"，因为"局外人"由于这样或那样的原因，无法获得"局内人"所拥有的信息。

当然，并不是所有的角色差别或群体认同都依赖于信息的获取。例如，生物学确定谁是男，谁是女。[1] 但在大多数情况下，社会角色的形成是由特定的信息环境的条件所决定的。童年的社会分类尤其如此。儿童是一个不知道成人所知道的某些信息的群体。中世纪时没有童年，因为让成人单独知道某些信息的手段并不存在。在古登堡的时代，这种手段被开发出来了。在电视时代，它又消失了。

这意味着失落的远不止童年的"纯真"，因为童年的"纯真"常常是用来暗示童年的魅力在逐渐减少。电子媒体迅速、平等地揭示成人世界的全部内容，从而产生了几个影响深远的后果。首先，羞耻的概念被冲淡了，也不再神秘了。为了使我所说

---

[1] 如果有人愿意接受当前遗传学的比喻，那么，谁是男性、谁是女性这样的问题当然也是信息决定的，也就是基因信息。

的"羞耻"的意思更加明白无误,我认为有必要引用G·K·切斯特顿[1]讲的一段极为相关的话。他说:"一切健康的人,无论是在古代还是现代,在东方还是西方,都知道性里面包含着某种怒意,谁也不敢肆意煽风点火。如果我们要保持清醒,就必须对它保持一种神秘感和敬畏的态度。"

虽然切斯特顿在此说的是性冲动,但他的观点所涵盖的意义更加广泛。我认为,他的观点是对弗洛伊德和埃利亚斯有关文明进程的观点所做的不错的总结。如果对各种冲动没有控制,尤其是对意在侵犯和即时满足的冲动没有控制,文明是不可能存在的。我们经常处在被原始的冲动所控制的危险中,包括暴力、兽欲、本能和自我。羞耻是野蛮行为得以控制的机制,如切斯特顿所认为,它的主要力量来自于围绕着各种行为的神秘感和敬畏感。这些行为包括思想和语言,由于常常被隐蔽在公众视线之外,它们变得非常神秘和令人畏惧。由于隐蔽,它们变得神秘;由于神秘,我们可以管理它们。在有些情况下,成人之间甚至不会表现出他们知道那些秘密,必须到心理医生的办公室和忏悔室去舒缓自己。但在所有这些情况下,控制儿童对那些事情的了解是必需的。当然,自中世纪以来,人们普遍认为暴力冲动、性冲动和自我中心对儿童尤其危险,因为人们假设儿童尚不具备足够

---

[1] G·K·切斯特顿(G. K. Chesterton,1874—1936),英国评论家、诗人、散文作家和小说家。——译者注

的自制力。因此，羞耻感的不可估量的价值构成了儿童正规或非正规教育中珍贵而微妙的一部分。换句话说，儿童沉浸在一个充满秘密的世界里，心中充满神秘和敬畏的感情；他们最终会了解这个世界，但要通过成人分阶段地教他们如何将羞耻心转化为一系列道德规范。从儿童的观点来看，羞耻心给予成人力量和权威，因为成人知道，而儿童却不知道，哪些话是可耻的，哪些话题是可耻的，哪些行为被认定必须在私底下进行。

在这一点上，我希望表达得格外清楚。我并不认为羞耻的内容是由社会的信息结构所造成的。羞耻的根源不在于此，它存在于历史的深处，在于一个民族的恐惧，但这远不是本书的范围和目的所能涵盖的。然而，我要宣称，在一个不能保存秘密的社会里，羞耻不能作为社会控制和角色分辨的手段，因而不会产生任何影响。假如人们生活在一个社会里，有法律要求人们在公共沙滩上裸体，那么暴露身体某些部位的羞耻感很快会消失殆尽。因为衣服是保密的一种手段，如果我们把保密的手段剥夺了，那么我们也被剥夺了秘密。类似地，当维护乱伦、暴力、同性恋和精神病这些秘密的手段消失了，当这些秘密的细节变成公共话语的内容，可供在公共领域里的每一个人检查，那么对这些问题的羞耻感也会随之消失。曾经是可耻的事情现在变成了一个"社会问题""政治问题"或"心理现象"。但在这个过程中，它一定会失去其阴暗和难以捉摸的性质，同时也会失去一些道德力量。

如果说这样的局面必定而且绝对意味着文化的堕落——

"道德多数派"（the Moral Majority）[1] 的代表人物正是这么主张的——那么我认为这种说法过于简单化。我们应该记住，不同的文化有不同的禁忌，在一种文化中被认为可耻的，在另一种文化中则不以为然。我们完全有理由希望，可耻的行为通过媒体公开揭露，然后使之合理化，从而转化为"社会问题"或者"另一种生活方式"。这在一些值得注意的例子中，恰好代表着社会向人性化的感受又迈进了一步。当然，主张一个健康的社会需要把死亡、精神病和同性恋当作阴暗和神秘的秘密，这是没有多少道理的。要求成人只能在很局限的情况下讨论这些话题，更没有道理。但是，把这些话题公之于众，完全没有约束，便构成了危险，特别是对儿童的未来造成问题。人们必须勇敢地面对这样的现实。因为，如果成人没有阴暗和捉摸不定的谜需要瞒住儿童，然后以他们认为必需的、安全的和合适的方式向他们揭示，那么成人和儿童之间的界限一定会淡薄至危险的地步。换句话说，这是浮士德把灵魂出卖给恶魔式的交易。可悲的是，在如今的政体中，唯一抓住了这个要害的、较有影响的群体是以"道德多数派"著称的无知的运动。正是通过他们的呼吁，这样一个问题被提了出来：坦率和真诚的代价究竟是什么？

对于这个问题，答案有许多。不过，多数的答案，我们并不

---

[1] 成立于 1979 年的一个组织，旨在美国社会中恢复传统的价值观。1989 年，该组织发起人杰里·福尔韦尔（Jerry Falwell）声称该组织已完成原定使命，并解散了这个组织。——译者注

清楚是什么。但有一点很明显，假如我们把大量成人所拥有的强有力的素材拱手交给儿童，那么，童年的概念就不可能被保存下来。从定义上看，成年意味着谜解开了，秘密揭示出来了。如果从一开始儿童就了解各种各样的谜和秘密，我们又如何把他们跟成人区分开来呢？

由于羞耻感的逐渐衰退，行为举止的意义自然也相应地降低了。羞耻心是克服冲动的心理机制，行为举止则是这种征服的外部社会表现。从餐桌礼仪到语言行为，再到穿着礼仪，这一切都企图揭示人们学会自治的程度，同时也在向人们传授自治的方法。如前面所指出的，举止或礼仪直到印刷术发明以后才开始以较复杂的形式在百姓中出现。这主要是因为识字文化既要求，也促进了高层次的自我控制和延迟的满足感。人们也许可以说，举止是类似于识字一样的社会产物。它们都要求身体服从于头脑，都要求相当长的学习发展过程，都要求成人集中精力教授。正如文化创造了有等级的知识秩序一样，礼仪创造了有等级的社会秩序。儿童既要有识字的能力，又要懂得举止得体才能赢得成年。但是，当今的信息环境已经发生了变化，识字文化已不再是人类发展结构的动力，礼仪的重要性一定会随之衰退。新的媒介使得人们对按照年龄区别群体徒增不满，从而对等级社会秩序的想法产生敌意。

例如，拿语言礼仪来说，直到最近，成人一定还记得在儿童面前不能用某些词，儿童反过来也被期望不在成人面前用那些词。儿童是否会通过其他渠道学到这些词,这个问题与我们的讨论无关。社会礼仪要求在成人和儿童的符号世界之间保持公开的区别,这样的习俗在中世纪是闻所未闻的,但它所代表的是一个令人非常愉快的社会想象。从成人方面来看,对语言的约束反映了一个社会理想,即试图保护儿童不受粗俗、肮脏或愤世嫉俗态度的影响,因为这些态度往往隐含在污秽和残酷的语言里。从儿童方面来看,这种约束反映了他们理解自己在社会等级中的位置,尤其是理解他们还没有权利公开表达那些态度。不过,由于角色区别的日益模糊,这种语言恭敬自然已失去了它的意义。今天,这种习俗已遭到迅速破坏,而那些坚持不渝的人则被看作"离奇古怪"。看来我们正在倒退回14世纪的局面,那个时候没有什么话被认为是不适合未成年人听的。

面对这一切,成年的权威和童年的好奇都失去了存在的依据,因为羞耻和礼仪是植根于"秘密"这个概念中的。儿童之所以好奇,是因为他们还不知道将要知道的东西;成人之所以有权威,主要是因为他们是知识的主要来源。权威和好奇之间的微妙平衡,正是玛格丽特·米德的重要著作《文化与承诺:一项有关代沟问题的研究》的主题。在书中,她指出,我们正在进入一个日新月异、信息公开的世界。在这个世界中,成人已经不能扮演年轻人的导师的角色,因此导致了一种危机,她称之为"信仰危机"。"我相信这种信仰危机,"她写道,"可以归因于……现在长辈对年轻人的经历,没能比年轻人自己有更多的了解。"[1]

假如米德博士的说法正确,假如长辈不再能成为年轻人所依赖的知识来源,那么,她这本书该是起错名了,其实是文不对题。她做的研究不是代沟的问题,而是代沟消失的问题。在一个长辈不比年轻人多一点儿权威的世界里,权威已不复存在;这样,两代人之间的代沟已经被填平,人人都生活在同一个时代。虽然我不同意米德的观点,即我们已到了"长辈对年轻人的经历,没能比年轻人自己有更多的了解"的地步,但是我相信,很清楚的是,由于电子媒体肆无忌惮地揭示一切文化秘密,它已对成人的权威和儿童的好奇构成了严重的挑战。也许米德博士的著作是写于那个昙花一现却又广为宣传的反文化运动的兴起时代,她假定年轻人的好奇心不会因为成年人的权威衰退而受到损害。在某种程度上,好奇心是儿童的天性,但它的发展却有赖于人们日益清楚地了解通过秩序井然的问题来揭示各种秘密的重要性。已知的世界和未知的世界是通过好奇来连接的,但好奇大半发生在儿童世界,和成人世界是分离的,儿童必须通过提问寻求进入成人的世界。由于媒介将两个世界合二为一,保持秘密所产生的张力在谜底被揭开时势必减弱,所以好奇的演算方法也随之

---

[1] 玛格丽特·米德(Margaret Mead), *Culture and Commitment: A Study of the Generation Gap*. Garden City, N. Y.: Doubleday & Co., 1970, 第64页。

发生了变化。好奇被愤世嫉俗——或者更糟——被狂妄自大所取代。于是，我们的孩子不能依靠有权威的成人，而是依赖不知从哪里来的新闻来获取知识。我们的孩子还没有提问，就被给予一大堆的答案。简言之，我们身边没有儿童了。

在此我们必须记住，这并不是说电视是促成成人秘密被公开的唯一因素。我已经注意到，信息变得无法控制，家庭和学校失去了作为儿童成长的管教者的统帅地位，这个过程其实从电报的发明就开始了，并不是个新问题。每一个可以插入墙上插座的传播媒介，都对将儿童从有限的童年情感范围内解放出来起了推波助澜的作用。例如电影，它在向儿童揭示罗曼史的语言和策略方面起了显著的作用；40岁以上的读者都能证明他们是从电影里了解到了接吻的秘密。在今天的世界里，人们可以从电影里学到的远不止这些。但电影不是免费的，因此依然有可能禁止儿童看那些展示太多的情欲知识、暴力或成人的各种疯狂的电影。当然，除了电影在电视上播放之外。因为电视没有任何限制，无论是经济上的还是其他方面的。虽然电视有时候会警告家长"下面的节目包含成人内容……"，但这样做只会保证更多的而不是更少的儿童会观看。他们看的究竟是什么？到底有哪些秘密需要揭示给他们？

如前面已提到的，所有那些事情都可以被归纳到性的领域下。其实，在揭示性秘密方面，电视已经差不多做到了完全消除性心理失常这个概念的地步。举例说，看到十二三岁的女孩被当作色情之物在电视广告上展示，现在已是习以为常了。一些成人可能已忘记，曾几何时，那样的行为是被看作精神变态的。他们不得不相信我的话，因为情况的确如此。这并不是说成年男子到最近才开始觊觎青春期的女孩子。他们过去也这样，但问题是他们的欲望一直是小心翼翼地保守的秘密，特别是不会让未成年人知道。电视不仅将秘密公之于世，而且把它当作一种对身体有害的压制、一件无足轻重的事情来播放。就像在中世纪一样，玩弄儿童的私处也许又会重新成为下流的娱乐而已。否则，假如这么说有些过分，也许我们可以明目张胆地说（尽管是象征性的），用儿童来满足成人的性幻想已经变得完全可以接受了。确实，基于电视上已广泛利用儿童这一事实，纽约上诉法庭1981年判定，在处理色情电影的问题上，儿童和成人之间没有区别。如果一部电影被判定淫秽，法院做了判决，那么这个罪名成立。但是如果法院未判定淫秽，那么任何试图区别儿童和成人的地位的法律都会招人厌恶。[1] 人们可以说，这样的判决为继续剥削儿童扫清了道路。或者，从另一个角度来看，这样的判决只不过反映了我们新的电子环境的现实而已。实际上，在表达人类的性行为方面，现在电视很少认为有什么可以严重到不能播放的，也就是说，没有什么不适合用作一个节目的主题或者商业广告的焦点。从阴道

1　参见"法庭裁决：除非淫秽，利用儿童进行性描写合法"（"Sexual Portrayals Using Children Legal Unless Obscene, Court Rules"），《纽约时报》，1981年5月13日，第1页。

喷洗液广告到谈论男性脱衣舞者，从不断展示臀部和胸部的节目到有关交换配偶的纪录片，秘密就以这样或那样的形式一个接一个地展现在电视上。在有些情况下，诸如乱伦、女同性恋或不忠这样的问题被处理得非常严肃，甚至带着某种尊严，当然这跟我们讨论的话题无关。

为了使读者不至于认为这些观察不过是情感过分拘谨之人的牢骚而已，我要尽可能地将我的观点表达清楚：我们在此讨论的问题是公共知识和隐秘知识之间的区别，以及由于媒体全方位的大暴露而消除了隐秘知识会带来什么样的后果。说同性恋是上帝眼里的罪恶，是一回事，尽管我认为那是个危险的想法；说某个东西因放在儿童的眼前就失去了，又完全是另一回事。说人类性行为下流和丑恶是一回事，尽管依我之见，这又是一个危险的想法；说公开展示剥夺了它的神秘感和敬畏感，从而改变了性行为以及儿童发展的本质和意义，又是另外一回事。

我清楚地知道，"虚伪"这个词有时被用来形容公共知识和隐秘知识受到严格区分的情形。但是，从善意的一面来看，虚伪毕竟代表着某种社会理想主义。比如，拿儿童来说，保密是为了保证儿童健康有序地成长。童年的概念，理想化地来想，如果没有某种程度的虚伪是不可能存在的。我们拿暴力来说吧。不可否认，人类耗费了无数的时间和精力自相残杀。连同制造符号和制造工具，杀戮是人类最与众不同的特点。我做过估算，在我的一生中，大约有7500万人被别人杀死了。这还不包括——用拉塞尔·贝克（Russell Baker）的话来说——那些以个人名义进行的杀戮行径，例如街头残杀、家庭凶杀、抢劫谋杀等等。不让儿童了解这些，是虚伪的表现吗？虚伪不应该这么不堪一击。由于种种现实的原因，我们不希望儿童知道这些，了解得太多太早，很可能对儿童未成形的头脑是很危险的。对儿童成长持较开明的观点的人声称，有必要让儿童相信成人能够控制他们的暴力冲动，相信成人心中对与错的概念黑白分明。借助这些信仰，如奥地利出生的美国心理学家布鲁诺·贝特尔海姆所说，儿童能够发展出自信的感觉，这使他们有力量培育自己的理性。反过来，有理性又会使他们能够经受逆境的考验。[1] 沃丁顿[2]假定："人类进化和选择能力的一个组成部分，便是人类的儿童有能力接受长辈的权威和他们对是非的判断标准。"[3] 没有那样的保证，儿童会发现怀抱希望、充满勇气和表现纪律是很困难的。如果说向儿童隐瞒成人暴力和道德无能的各种事实是虚伪，那么，这么做仍然是明智的。当然，为了帮助儿童成长的虚伪并不是罪恶。

话虽如此，这并不是说要让儿童对所有的暴力和道德堕落都

---

1 布鲁诺·贝特尔海姆（Bruno Bettelheim），*The Uses of Enchantment: The Meaning and Importance of Fairy Tales*. New York: Alfred A. Knopf, 1976, 第4页。

2 C·H·沃丁顿（C. H. Waddington, 1905—1975），英国胚胎学家、遗传学家、科学哲学家。著作甚多，包括生物学及哲学，又曾于世界各地讲述遗传学、伦理学、科学方法学等。——译者注

3 转引自米德，*Culture and Commitment: A Study of the Generation Gap*. Garden City, N. Y.: Doubleday & Co., 1970, 第64页。

一概不知。如贝特尔海姆在《童话的用处》中所展示的，童话的重要意义在于，童话故事能够以儿童容易接受的方式揭露现实生活中存在的邪恶，并且融会贯通，使儿童不受创伤。这不仅是因为童话故事的内容自然演变已有几百年之久，而且它们在成人的控制之下。例如，成人可以修改暴力部分或故事的结尾来适应某个孩子的需要，而且因为讲故事的心理环境通常是非常令人放心的，因而童话具有治疗作用。然而现在电视上所揭示的暴力并不是通过母亲的声音来传递的，也没有做过什么修改以适应儿童的需要，更不受任何儿童成长理论的指导。电视暴力之所以存在，是因为电视需要无穷无尽的素材。它的存在也因为电视播放节目是在同一时间把同样的内容传递给每一个人，也就是说，电视不可能保持任何秘密。这样的结果是，要想不让儿童看到电视彻底暴露令人发指的暴力罪行，是不可能的。

在此，我们必须记住，每周一次的描述虚构的凶杀、强奸和劫掠的电视节目还不及现存问题的一半。它们毕竟清楚地标明是虚构的，或是伪童话故事。我们可以假定——尽管不甚安全地——一些儿童不会把它们当作成人生活的真实表现。更引人注目的是日常的暴力和道德败坏的实例，它们是电视新闻"节目"的主要内容。在这类节目中，没有熟识迷人的演员在当中起缓冲作用。这种节目是日常生活实例的再现，是真正的谋杀、真正的强奸，以及真正的劫掠。正因为是日常生活里的真家伙，它们才变得更加有影响力。

了解这些东西对儿童究竟有什么影响，多年来一直是研究人员试图解答的问题。他们提出的主要问题是：当电视节目在儿童面前连篇累牍地、栩栩如生地描绘暴力行径，它究竟对诱发儿童的暴力倾向产生了什么影响？虽然这不是个小问题，但它却转移了我们对一些重大问题的注意力。比如，如果电视真实地描写这个世界，究竟会如何削弱儿童对成年人的信念，包括相信成人是理性的、世界是井然有序的和未来是充满希望的等等？电视真实地描写现实，又会如何削弱儿童自身对未来控制暴力冲动的信心？

实际上，成人暴力的秘密仅仅是电视所揭示的更多秘密的一小部分。从儿童的观点来看，电视上播放得最多的是成人世界充满了无能、竞争和担忧这个无可争辩的事实。用乔希·梅罗维茨（Josh Meyrowitz）的话说，电视打开了通往成人生活后台的视窗。研究人员却很少注意到电视以各种形式向儿童揭示如下秘密的含义：产生婚姻冲突的原因，购买人寿保险的需要，产生误解的无限可能性，政治领袖永远的无能，人体本身无数的苦恼。这样的秘密可以列满一张清单，但有两个特别有趣的实例可以证明电视如何毫不留情地揭示成人生活的秘密。第一，有关政治领袖的无能，或者至少是脆弱。对于这一点，梅罗维茨曾高瞻远瞩地做过论述。在寻找素材时，尤其是具有"人类兴趣"的题材时，电视发现在政治家的私人生活中可以找到取之不竭的材料。以前从未有过这么多人有机会如此了解他们国家领袖的妻子、孩子、情人、饮酒习惯、性取向、口误甚至口拙。那些有所了解的或至少了解一些的人，都是从报纸和杂志上看来的。这就是说，直到电视出现以前，政治生活的阴暗或隐晦的一面大多只是成人的事。儿童并不读报，他们从来都不是报纸的消费者。但他们是电视观众，因此那些人的弱点不断在儿童面前暴露，若是在其他年代，那些人完全可能被认为是完美无瑕的。其结果是儿童对政治领袖和政治过程本身产生了一种被称之为成人的态度，即从愤世嫉俗到漠不关心。

同样，儿童时时被告知人体的种种弱点，这是成人通常设法遮掩的事情。当然，儿童始终知道人会生病，并且不管怎样总有一天都会死亡。可是，成人觉得大多相关的细节还是不让他们知道为好，待到那些事实不会令他们不知所措的时候再告诉他们。而电视打开了这个密室的门。为了说明这一点，我特地连续三个晚上对全国电视网的节目中所展示的各种疾病或身体残疾进行了统计。从痔疮到令人心碎的牛皮癣，从神经炎和神经痛到头痛和背痛，从关节炎到心脏病，从癌症到假牙，从皮肤疤痕到糟糕的视力，一共有43次提到这些我们皮肉之躯承袭的打击。仿佛这还不足以使人生的旅程显得充满不安，如果不是令人害怕的话，在同一时段里，还有两次提到氢弹、一个有关国家在阻止恐怖活动上多么无能的讨论以及有关 ABSCAM[1] 审判的总结。

我肯定，到目前为止，我给大家的印象是，所有通过电视传播给儿童的成人秘密都是恐怖、肮脏或令人费解的。但事实上，电视并非如此一边倒。如果电视暴露的多数是这样的内容，那是因为成人生活本身就是如此，充满了病痛、暴力、无能和混乱。但这并不是成人生活的全部。例如，还有购物这样的生存快乐。在儿童还很小的时候，电视就向他们揭示消费主义的快乐和购买几乎任何东西后所产生的满足感：从地板蜡到汽车。曾经有人问马歇尔·麦克卢汉，为什么电视新闻总是报道坏消息。他回答说并非如此：电视广告是好消息。的确如此。到牙买加或夏威夷旅行一次可以消除工作的疲劳；购买克莱斯勒汽车可以提高一个人的社会地位；使用某种洗涤剂有助于提高一个人的能力；使用某种漱口水可以增强一个人的性吸引力；了解这些都是令人安慰的。这些都是美国文化给人们的承诺。它们正好迎合了成人在现实生活中的各种动机。儿童 3 岁时就已经被灌输这样的动机，因为电视欢迎大家一起来分享一切。我并不认为那些是一个成熟意义上的成人的动机。实际上，在下一章，我将试图阐述电视如何削弱"成熟的成年"这个概念。在此我只是想说明，电视上的"好新闻"是成人的好消息。对于这些，儿童到了 7 岁就已经耳

---

[1] ABSCAM 是 1980 年的美国政治丑闻。联邦调查局精心设置圈套使接受贿赂的国会议员落网。——译者注

熟能详了。

我也不认为更早些时候的儿童对成人世界一无所知。只是从中世纪以来,儿童从未像现在一样对成人生活有那么多的了解。就连18世纪在英国矿井下工作的10岁女孩,也不像我们自己的孩子一样知道得那么多。工业革命时代的儿童,除了了解自己生活的恐怖之外,对其他的知之甚少。凭借符号和电子这样的奇迹,我们自己的孩子知道别人所知道的一切,好的、坏的,兼收并蓄。没有什么是神秘的,没有什么是令人敬畏的,没有什么是不能在大庭广众之下展示的。确实,无论人们如何评价电视对年轻人的影响,如今的儿童比以往任何时候的年轻人都要消息灵通。这个观察再普通不过了,而且特别受电视台主管的青睐,当他们遭到批评的时候。人们通常使用的一个比喻是,电视乃是通向世界的一扇窗。这个观察完全正确,但是为什么它被看作进步的标志仍然是个谜。我们的孩子比以往任何时候都要消息灵通,究竟是什么意思?他们知道长辈知道的一切又意味着什么?这意味着他们已经变成成人,或者至少像成人一样。用我自己的一个比喻,这意味着当儿童有机会接触到从前密藏的成人信息的果实时,他们已经被逐出儿童这个乐园了。

第 7 章

成人化的儿童

有个象牙牌的香皂做过一个颇有影响力的电视广告。在广告中，我们看到分别为母亲和女儿的两个女人。观众受到要猜测哪个是母亲、哪个是女儿的挑战。她俩看上去都不到 30 岁，年龄上没有多少差别。我把这则广告当作一个异常明确的证据，来证实成人和儿童之间的区别在消逝的观点。虽然许多其他广告的含义也很明显，但这个例证直截了当，切中要害。在美国文化里，母亲看上去跟女儿一样年轻，或者女儿看上去跟母亲一样成熟，现在已经成为人人期待的事了。这究竟意味着童年在消逝，还是成年在消逝，只是提问的方式不同而已：做一个成人究竟意味着什么？做一个儿童又意味着什么？如果没有一个清楚的成人概念，那么，也不可能有一个清楚的童年概念。因此，本书的基本观点是，我们的电子信息环境正在让儿童"消逝"，也可以表述为我们的电子信息环境正在使成年消逝。

我在此颇费苦心地想阐明，现代的成人概念多半是印刷的产物。几乎跟成年相关的所有特征都是由于一个完全识字的文化的要求，或是由此引申出来的各种要求而产生的：自制能力，对延迟的满足感的容忍度，具备抽象、有序思维这样高一级的能力，关注历史的延续性和未来的能力，高度评价说理和等级秩序的能力。由于电子媒介将识字能力推至文化的边缘，进而占据了文化的中心地位，各种不同的态度和性格特征开始受到重视，同时一个缩小了内涵的新的成人定义开始出现。这个定义不把儿童排除在外，因此，其结果是人生阶段的划分又进行了重新组合。在电视时代，人生有三个阶段：一端是婴儿期，另一端是老年期，中间我们可以称之为"成人化的儿童"。

成人化的儿童可以定义为一个在知识和情感能力上还没有完全发育成熟的成年人，尤其在特征上跟儿童没有显著的区别。这样的成年人古往今来始终存在，但各种文化的不同，在不同程度上或鼓励或打击这种性格模式。在中世纪，成人化的儿童是一种常态。这主要是因为没有读写能力，没有学校和礼仪规范，因此对做一个成人也没有特别的训练和知识。出于类似的原因，成人化的儿童在我们的文化中正逐渐变得习以为常起来。我留待下一章提出证据，证明这的确在发生。本章的目的是要阐述这种现象如何发生和为什么会发生。

简短的答案已经包含在我前面的论述里面：由于人类生长所依赖的符号世界在形式和内容上发生了变化，这种变化尤其不要求儿童和成人的情感有任何区别,这样人生的两个阶段就不可避免地合二为一了。

那是我的理论。详尽一些的答案不过是评论而已。然而,这正是我接下去要讨论的。

在探讨现代成人化的儿童之所以产生的问题时,我们可以有许多切入口,可是在一个主要靠电视传播政治信息的社会里,无论从哪一方面观察,都不如观察它的政治意识和政治判断所包含的意义更能说明问题。如前一章所提到的,在电视出现以前,控制传播给大众的有关政治领袖的信息的数量和种类还相对容易。电视出现之后,这种控制变得非常困难,那些追求政治公职的人必须雇用"形象经理人"以期控制公众对他们的了解。产生这种转变的重要原因之一,自然纯属电视提供的信息的数量问题。更重要的却是信息的形式问题。

跟所有人一样,美国的政治领袖不仅通过语言陈述的形式提供信息,而且以非语言的方式"发出"信息。他们的站立姿势、微笑、眼神、出汗、表示愤怒等等,跟他们所说的表达同样多的信息。很自然,控制他们"发出"的信息要比控制他们提供的信息困难得多。正因为如此,理查德·尼克松(Richard Nixon)始终摆脱不掉他的二手车推销员的形象,杰拉尔德·福特(Gerald Ford)则甩不掉他的蠢汉形象。对这些挥之不去的认知印象,电视应该负主要的责任,因为它准确地揭示了屏幕上活生生的人物所发出的多数信息。如果我们继续使用从无线电上拾来的

"电视观众"这个比喻，那其实是一个错误。即便在人物形象相对固定的情况下，如总统演说，那个形象依然处在人们意识的中心。其实电视通常如此，电视上的形象不断变换，观看者完全忙于（若没有被吓倒的话）关注非语言的信息。简单地说（我恐怕已翻来覆去地说过多次），电视不能把人的注意力集中到思想上来，因为思想是抽象的、有距离的、复杂的和有秩序的，而电视总是把人的注意力吸引到人物身上，因为人物是具体的、生动的和完整的。

这意味着电视已经彻底改变了政治信息的符号形式。在电视时代，政治判断从对提议的知识评判转化为对整个人物形象的直观而情绪化的反映。在电视时代，人们赞成或不赞成这些政客，如同喜欢或不喜欢他们一样。电视重新定义了"正确的政治判断"，它把政治判断从一个逻辑判断转变成了一个审美判断。一个勉强识字的10岁的孩子能解释或至少能对候选人所发出的信息做出反应，其迅速程度和容易程度跟一个知之甚多的50岁的人不相上下。其实，儿童的感觉甚至可能更敏锐。总之，语言和逻辑几乎变得毫不相干。

政治判断的含义发生改变并不是从电视开始的。它是19世纪的图像革命所产生的一个意外后果。但是电视自身发展如此迅速，我们完全有理由说，有了电视以后，我们的政治意识在质量上已经下降到了一个不同的层次。有趣的是，这种降格代表了新媒介偏见和旧媒介偏见之间的矛盾冲突。当年美国制定宪法的时候，詹姆斯·麦迪逊（James Madison）和他的同事们假定说，一个成熟的公民必须包含相当高层次的识字能力和相应的分析技能。出于这个原因，通常限定年龄在21岁以下的人被排除在选举程序之外，因为人们进一步假定说，获得复杂的识字能力需要相当长时间的训练。这些假定在18世纪完全合适，因为当时的社会是围绕印刷文字来组构的，政治话语大多是通过书籍、报纸、小册子和受印刷影响极大的演讲来进行的。因此，正如法国政治学家A·C·托克维尔[1]所指出，美国的政治是印刷在纸张上的政治。

无论还有什么其他假定在引导我们政治结构的发展（例如，有关财产所有权和种族的假定），最根深蒂固的是假定成人和儿童在智力上存在不同，成人有做政治判断所需要的资源，而年轻人则没有。如乔治·康茨（George Counts）曾经说过，电子媒介已经废除了《人权法案》。虽然这种说法有些过分，但是很显然，在电视时代做政治判断并不需要复杂的文化技能，甚至不需要识字的能力。有多少投票年龄的美国人读过罗纳德·里根（Ronald Reagon）所写的东西？或者读过为他提供思想体系的人写的东西？有多少人能够领会总统竞选辩论时所提出的各种论点？有多少人相信里根曾提出过的一些论点是吉米·卡特或约

1　A·C·托克维尔（Tocqueville, 1805—1859），法国历史学家、政治学家。先后当选为法兰西伦理学和政治学学院和法兰西语文学院院士。著有《论美国的民主》等。——译者注

翰·安德森（John Anderson）无法驳斥的？

只要稍加提问，人们就会马上明白这些问题是多么没有意义，同时也会意识到在评价一个电视人物时，思想意识假定、逻辑的一致性和逻辑的力量以及语言运用的灵活性，这些东西起的作用是多么渺小。假如我们说安德鲁·杰克逊[1]执政的时代把政治生活从贵族手中夺走交给百姓，那么我们同样有理由说，电视时代把政治从成人的头脑中全盘夺走了。正如杰克逊改变了社会舞台一样，电视改变了政治得以表达和理解的符号领域。虽然新闻界因为受到既得利益的限制，声称情况并非如此，但其他人都承认情况的确如此，尤其是那些参加竞选的人和那些被雇来教他们如何竞选的人。

假如这个结论看上去夸大其词，那么想一想电视所传播的公共信息的问题。为了对政治意识的品质做一个判断，我们必须对公民所能获得的信息的特点进行分析。多数美国人已经习惯于通过电视来接受来自世界各地的信息，而且多数是通过人所共知的电视新闻节目的形式。他们有什么样的体验？他们接受的是什么样的信息？电视为他们提供了怎样的视角和深刻见解？电视新闻节目究竟在多大程度上是为成人的头脑而设计的？

为了解电视新闻节目，即那种在纽约、芝加哥或旧金山可以

---

[1] 安德鲁·杰克逊（Andrew Jackson，1767—1845），美国第 7 任总统（1829—1837），民主党人。总统任内曾进行过某些民主改革。——译者注

看到的晚间新闻节目究竟是怎样一个东西，我们必须认真研究它的结构。例如，所有这类节目都是以音乐开始，以音乐结尾的；而且在播映告一段落的时候，所播放的商业电视广告也有音乐。这种音乐的用意何在？跟戏剧和电影一样：刺激观众的情绪，制造紧张气氛，为某种心理期待做铺垫。但是，电影音乐和电视新闻音乐在功能上有一个重要的区别，因为电影音乐是随着电影内容所需要的特定情绪而变换的。电影里有恐怖的音乐、快乐的音乐、浪漫的音乐等等。而在电视新闻节目里，播放的音乐始终不变，无论放在头条的重要新闻是入侵阿富汗，采纳市政府预算的问题，还是超级杯赛获胜的消息。通过每天晚上在同一时段使用同样的音乐，仿佛为一系列互不相干的事件进行伴奏，电视新闻节目是在提出他们的主导主题，即不管是今天还是明天，这中间并没什么重要差别，昨天需要的情绪今天同样需要。总之，这一天的事件是没有意义的。

电视新闻节目的这个主题是通过多种形式开发出来的，包括美感、速度和不连续性。对于美感无须赘言，只要看看电视新闻播音员就可看出，他们几乎是清一色的年轻和美貌，或许可以说是美国最漂亮的一群人。电视很自然地偏向于采用有强烈吸引力的图像。几乎无一例外，人物的脸蛋是否漂亮比人物的声音是否具有表现力更受到优先考虑。一个电视播音员是否理解所报道的内容的意思并不重要；许多人甚至不能做出恰当的面部表情，来配合他们嘴里所说的话。还有一些人甚至连尝试的努力都没有。

观看者是否喜欢看他们的脸蛋才是最重要的。坦白地说，就电视而言，在美国没有一个 60 岁的妇女能够做新闻播音员，因为观看者不会为她们的面孔着迷。因此，重要的是谁在播音，而不是被播的内容。

人们也相信观众喜欢变化，排斥复杂，正因为如此，在一个典型的 30 分钟的节目里，一般会播出 15 到 20 个"故事"。扣除广告时间、节目推销时间，还有播音员之间戏谑的时间，这样算下来平均每 60 秒钟一个新闻故事。随机抽取 WCBS[1] 的一档节目，这天晚上它是这样安排的：一则政府官员受贿的故事报道了 264 秒；一个相关的故事牵涉参议员拉里·普雷斯勒（Larry Pressler），用了 37 秒；伊朗新闻 40 秒；有关苏联民用航空总局（Aeroflot）的新闻 22 秒；阿富汗的大屠杀 28 秒；有关穆罕默德·阿里 25 秒；新墨西哥州的监狱暴乱 53 秒；抗议电影《巡游》（Cruising）的活动 160 秒；有关"54 工作室"（Studio 54）[2] 业主的报道 18 秒；影星苏珊娜·萨默斯（Suzanne Somers）的报道 18 秒；有关火箭女郎（the Rockettes）的歌舞表演 16 秒；经济萧条的深度报道（第一部分）174 秒；普莱西德湖（Lake Placid）的报道 22 秒；圣约翰队对路易斯维尔队的篮球比赛 166 秒；天气预报 120 秒；电影评论 100 秒。

1　WCBS 是哥伦比亚广播公司在纽约的一个分支电视台。——译者注
2　"54 工作室"是美国一个著名的夜总会。——译者注

这种限定"新闻"的方式造成了两个有趣的结果。第一，它让观众难以去思考一个事件；第二，也让观众难以去感觉一个事件。所谓"思考"，我是指有时间和动机去问自己：这样一个事件的意义是什么？它的历史背景是什么？它之所以产生的理由是什么？它跟我所了解的世界有什么联系？所谓"感觉"，我是指人类对谋杀、强奸、纵火、贿赂及一切恶性事件的正常反应。在早些时候做的调查中，我只能确定有一个故事，观者看后都记得对这个故事感到厌恶和恐怖的情绪：母亲将一个"恶魔缠身"的孩子烧死。新闻节目经常会加 30 到 45 秒"街头人士"做出的"情绪"反应，似乎在提醒观者他们应该对某个特定的故事有一些感觉。我觉得这个现象本身很有意思。我把它当作制片人方面内心愧疚的表现，因为他们完全明白他们的节目没有给人们做出反应的空间。在上面提到的 WCBS 的节目中，并没有采访人们对阿富汗大屠杀和新墨西哥州监狱暴乱的情绪反应。然而，对新泽西参议员哈里森·威廉斯（Harrison Williams）的受贿指控，却有 35 秒的"街头"反应。有幸在电视上发表评论的人说，他们觉得很糟糕。

当然问题的关键是，电视上播出的所有事件完全缺乏历史背景或其他相关的背景知识，并且以如此支离破碎和连篇累牍的方式播映，结果造成这些新闻像缺乏明显特征的溪流从我们的头脑中洗刷过去。这是电视的催眠作用，它使人们的理智和情感变得迟钝了。诚然，电视音乐、节目提示（"下面请看新墨西哥州监狱的暴乱……"），还有新闻播音员之间的互动（"新泽西发生了什么事，简？"），都是要制造一种兴奋的情绪和紧张局势有待解决的气氛。但这完全是弄虚作假，因为播放出来的新闻非常短小精悍，而且非常匆忙。一条新闻在播放时，另一个故事已在后台蠢蠢欲动了，心急火燎地等待它在电视上的 37 秒。这样，人们几乎不可能在脑子里把兴奋的允诺和期待的解决联系起来。也就是说，电视新闻节目的兴奋主要是靠速度的作用，而不是实质的内容。它是以信息流通来制造兴奋，而不是新闻本身的意义。

可是，如果思考和感觉新闻很困难的话，这绝不是说观者无须对这个世界有感觉，或至少有个态度。而这个态度，如我所说，就是所有的新闻事件既没有事发之前的原因，也没有事发之后的后果，毫无价值可言，因此也毫无意义。在此我们需要记住，电视新闻节目出奇的不真实、缺乏连贯性，几乎已经到了任何事情之间都没有关系的地步。比如说，苏联民用航空总局和影星苏珊娜·萨默斯之间有什么关联？54 工作室和伊朗呢？电影《巡游》和阿富汗的大屠杀呢？受贿的官员和火箭女郎的歌舞表演呢？这些故事都有追踪报道吗？昨天有过相关的报道吗？为什么给伊朗新闻 40 秒，而圣约翰队的比赛要 166 秒？电视如何确定苏珊娜·萨默斯的播出时间需要比穆罕默德·阿里短一些？最后，各种电视广告和其他故事之间又有什么关系？在 WCBS 的节目里，共播放了 21 条电视广告，占了将近 10 分钟时间。在受贿故事之前有 3 条广告，新墨西哥州监狱暴乱之前有 4 条，有关经济萧条的专题报道（第一部分）之前有 3 条。你完全可以想象，商业广告总是令人欢欣鼓舞，给人以满足感、安全感，其中还有两条是有关性快乐的承诺。

鉴于电视将新闻节目如此杂陈并置，人们应该如何来理解这个世界呢？人们该如何评价事件的重要性？它表现了什么样的人类行为准则，并以什么样的道德规范来评价这些准则？对于这样的问题，电视新闻节目有一个一成不变的答案：这个世界上并不存在比例大小的问题。事件的发生完全是个体特征的反应；历史并不相干；评判事件的价值也是没有理性根据的。新闻，简言之，并不反映成人的世界观。

诚然，人们甚至不能在这种世界观中找出自相矛盾之处，否则，我们就不会看到电视里播放 4 条赞美美国富裕的商业广告之后，紧接着又播放新墨西哥州监狱里囚犯的绝望和堕落。人们原本期待新闻播音员至少会眨眨眼，但他完全不理会自己在说些什么。

所有这一切都表明，电视新闻节目（a television news show）恰恰反映了它的名称所包含的意义。一个节目[1]是一种娱乐，一个虚假和幻想的世界，经小心筹划后拼接在一起以期产生一系列具体的效果。这样可以让观众欢笑、哭泣或目瞪口呆，这就是新

---

1 英文为 show，又音译为"秀"。这个词的本义为"给别人看"，常用来指"演出""节目"。

142 / 童年的消逝

闻节目所做的事。而一些制片人在接受艾美奖时宣称,这样的节目旨在使大众变得更有知识。这真是大言不惭。当然,其结果是"政治人"(political man)的概念受到轻视,从而逐步破坏了成人式的理解和儿童式的理解之间的区别。

这个进程还延伸到了政治之外的领域里。例如,我们来看看"商业人"(commerical man)和"宗教人"(religious man)的退化,其实应该说"融合"。成人情感的显著标志之一是,成人有能力区分商业领域和精神领域的不同。在大多数文化里,这种区别明白易懂。但在电视时代,这种区别变得无可救药的含混不清,主要是因为电视广告这种无所不在的传播形式。就像新闻节目改变了政治判断的意义一样,电视广告改变了消费和笃信宗教的意义。

有关商业广告和它们品格日下的推测文章已经很多,要想添加新的论点也很困难。但就它们跟成年萎缩化的关系而言,仍有一些情况没有被给予足够的重视。例如,应该强调的是,电视商业广告完全不要求成人和儿童之间需要有区别。电视广告不使用文字语言进行说服,而是使用视觉形象来达到效果,如同电视的其他用途一样。电视广告所使用的语言高度情绪化,很少有需要核实的危险。因此,商业广告不易受逻辑分析的影响、不可辩驳,当然也不要求用复杂的成人判断进行评价。自从图像革命以来,"商业人"已主要被看作不理性的,不需要用论点或理性的话语来沟通的。但是,电视已经把这样的假定利用到了极致,我们甚至可以控告电视广告完全排斥资本主义的思想意识。也就是说，电视广告已经摒弃了商业主义的一个关键假设，即购买者和行销者都是根据自我利益，经过理性考虑之后达成交易。这个假设在资本主义经济下深入人心，因此，我们的法律严格限制允许儿童进行的商业交易。在深受识字文化影响的资本主义思想意识里，人们相信儿童不具备评价销售者的产品的分析技能，儿童还不能完全理性地进行交易。但是，电视广告呈现产品的形式并不需要分析技能或者我们习惯上认为的理性和成熟的判断。它们不向消费者提供各种各样的事实，它们提供的是偶像，这样成人和儿童都能以同等的感情投入，同时也避免了逻辑或核实的麻烦。因此，把这种传播形式称作"商业广告"是有误导作用的，因为它们蔑视商业语言，主要凭借符号和宗教语言来传播信息。的确，我相信，断定电视商业广告是一种宗教宣传品，是完全不过分的。

我并不是说每一个电视商业广告都有宗教的内容。正如在教堂里，牧师有时会呼吁会众注意教会之外的事物一样，有些电视广告在本质上完全是世俗的。有人有东西要卖；你被告知它是什么、在哪里可以买到以及价格是多少。尽管这些听上去可能刺耳、唐突，但它们不提出任何教条，也不行使任何神学原理。

不过，大多数重要的电视商业广告采用宗教寓言的形式，以一个能被清楚表达的神学思想为中心。像一切宗教寓言一样，它们提出罪恶的概念，暗示赎罪的方法，然后预示天堂显圣的远景。它们也暗示邪恶的根源和虔诚的信徒应尽的义务。

比如，以《衣领上的汗圈的寓言》（The Parable of the Ring Around the Collar）的寓言为例。这则寓言之于电视脚本，就好像《浪子回头的寓言》（The Parable of the Prodigal Son）之于《圣经》，也就是说它是一种雏形，其中包含形式和内容的诸多元素，并在同类作品中反复被使用。首先，《衣领上的汗圈的寓言》很短，只占用人们30秒的时间和注意力。这样做有三个原因，每个都显而易见。首先，在电视上布道花费昂贵。其次，观众的注意力集中时间不长，而且很容易受外来的诱惑而转移。最后，一则寓言不需冗长；传统上，它的叙事结构紧凑，象征意义明白无误，阐述简明扼要。

《衣领上的汗圈的寓言》的叙事结构的确很传统。故事有一个开头、中间和结尾。对于那些不熟悉这则寓言的人，简洁的描述即可解决问题。

故事开头描绘一对已婚夫妇在一个轻松的背景下，比如餐馆里。他们两个在一起很自在，总之非常愉快。一个服务员走近餐桌，注意到那个男子的衣领上有一圈很脏的汗渍。她肆无忌惮地盯着汗圈，轻蔑地冷笑，并对所有可听见的人宣布他的罪行。那个男子受到羞辱，转而鄙视地瞪着妻子。妻子则摆出一副痛恨不已的样子，并带着一丝自怜。这就是寓言的开头：问题的出现。

寓言接下去表现妻子在家里用一种洗洁剂，总能将男人衣领上的污渍洗得干干净净。她骄傲地向丈夫展示她的成功，丈夫用欢喜的微笑原谅了她。这是寓言的中间部分：问题的解决。最后，我们看到这对夫妇又出现在餐馆里。但是，这次他们不再看到服务员探查的眼光，受到尖刻的社会批评。这就是寓言的结尾：道德、注释、说明。由此我们可以得出恰当的结论。

在电视广告寓言里，邪恶的根源是"技术无知"（technological innocence），即对工业进步所带来的种种益处一无所知。这是造成现实生活中不幸福、羞辱和不和谐的主要根源。而且，正如《衣领上的汗圈的寓言》所强烈表现的，技术无知的后果随时可能以土崩瓦解之势爆发，弄得你措手不及。

技术无知的突然袭击是电视广告神学中尤其重要的一个特征，因此，它时刻提醒会众他们是多么脆弱、不堪一击。人们绝不能自满——或者更糟——沾沾自喜。企图简单地生活，不关心技术进步，这样总是很危险的，因为这种人的天真幼稚在那些对技术警觉的人眼里是非常触目惊心的。而那些警觉的人可能是服务员、朋友、邻居或者一个光谱形象，如精灵，它不知从何而来地突然在你的厨房里显现，见证你的懒惰无知。

当然，人们也应该明白，技术无知的含义可以非常广泛，它不仅指对洗涤剂、药品、卫生巾、汽车、药膏和食品的无知，而且指对技术性机构的无知，比如储蓄银行和交通系统。例如，你可以在度假时突然遇见某个邻居（在电视广告寓言里，这总是一个危险的信号），发现他们把钱投资在某个银行。那家银行有一些特别优惠的利率，而你却全然不知。这当然是个精神上的灾难,你和你的假期也就此泡汤了。

不过,像在《衣领上的汗圈的寓言》里所展示的,这并非无可救药。通往挽救之路有两个障碍。首先要求你敞开胸怀,接受那些比你高明的人的建议和社会批评。在《衣领上的汗圈的寓言》里,服务员起的是顾问的作用,尽管她显然很严厉,几乎是无情。在有些寓言里,提出忠告者更多的是冷嘲热讽,而不是严厉。但在多数寓言里,拿卫生巾、漱口液、洗发液和阿司匹林这样的广告来说,劝告者一般都和蔼可亲,富有同情心,或许他们过于清楚地意识到自己在其他事情上的脆弱。

无知的人只需要接受指令、按部就班。这一点非常重要,再强调也不为过,因为它同时教给会众两个教训:人不仅要热切地接受指点,而且要热心给予指点。给予指点正是虔诚的信徒的主要职责。实际上,一个理想的宗教社团应该是这样一幅画面:几十个人聚在一起,大家对各种技术进步的问题轮流提出建议并且接受建议。

通往挽救之路的第二个障碍牵涉人们是否愿意按照别人的忠告行动。按照传统的基督教神学理论,只是聆听福音,甚至布讲福音是不够的。人对福音的理解必须表现在善行上,也就是要有行动。在《衣领上的汗圈的寓言》里,那个楚楚可怜的妻子几乎马上就有行动,寓言向会众展示她的成果作为结束。

《口臭之人的寓言》(*The Parable of the Person with Rotten Breath*)有几个版本。我们看到一个妇女完全不知道自己不讨人喜欢的口臭已经有了技术上的解决办法，在受到室友的指点后豁然开朗。那个妇女立刻接受了指点。在最后5秒钟，我们看到了结果：在夏威夷度蜜月。在《愚蠢的投资者的寓言》(The Parable of the Stupid Investor)的寓言里，我们看到一个男子不知如何让钱生钱。受到别人的启发后，他迅速行动。在寓言结束时，他得到了奖励：一辆汽车，或去夏威夷旅行，或近似内心宁静的东西。

由于广告寓言编排紧凑，它的结尾，即最后的5秒钟，必须达到双重目的。它自然也是故事所要表达的教诲意义：如果人们立即行动，就会获得奖励。由于电视广告展现了结果，我们也因此看到了天堂的形象。有时候，比如在《丢失的旅行支票的寓言》(The Parable of the Lost Traveler's Cheques)里，我们也瞥见了地狱：技术无知者迷失方向，最后被判远离家园，永远在外游荡。但是，我们主要看到的还是天堂的形象，它既可以达到，也美妙无比：也就是说，天堂就在此地，此时此刻，在地球上，在美国，而且常常是在夏威夷。

夏威夷只不过是一个容易让人联想的、反复出现的象征。事实上，天堂可以在你周围的任何地方成为现实。《在机场上奔跑的人的寓言》(The Parable of the Man Who Runs Through Airports)里，天堂结果是在一个租车柜台。在柜台前，不知所措的奔跑者受到天使般可爱的信使的指点。奔跑者脸上狂喜的表情清楚地说明，此时此刻是他所期待的近乎超然的状态。

"狂喜"在此是个关键的概念,因为广告寓言极其详细地描绘过形形色色的欣喜若狂,这在任何宗教文献里都不乏其例。在《有斑渍的玻璃器皿的寓言》(*The Parable of the Spotted Glassware*)里,一个丈夫和一个妻子都认为这种心醉神迷的表情只能用"美化"(beautification)这个词来形容。即使在《衣领上的汗圈的寓言》里,初看时人们并不会认为它会构成一个像"有斑渍的玻璃器皿"一样严重的道德危机,我们也看到了狂喜、纯洁和宁静。因此,哪里有狂喜,哪里就是天堂。简言之,天堂就是你的灵魂和上帝结合在一起的地方,这个上帝当然是指技术。

作为信仰宗教的人民,我们很难说从何时开始我们把对上帝的传统思想的信仰,替换为对令人崇敬的技术力量的信仰。虽然应该强调的是,电视广告对于这种转变并没有起任何作用,但是,很显然,电视广告反映了这种变化,记载并夸大了这种变化。因此,它对成年人精神定位的降低起了推波助澜的作用。其结果是,它模糊了成年和童年之间的界限,因为对于儿童来说,理解电视广告的神学是毫不费力的。电视广告神学中不含有任何复杂的、需要花费很多精力的东西,它也不会使人产生对人类生存本质这样深奥的思考。接受这种神学的成年人跟儿童别无二致。

也许在此值得反复重申的是,电视所鼓励的那种孩子气的政治、商业和精神意识,并不是政治家、商业贩子和提供电视内容的电视主管的"过错"。这些人只是根据他们的发现而使用电视这个资源而已，他们的动机不存在比观看者更好或更坏的问题。诚然，他们剥削电视的资源，可那是这种媒介本身的特点造就了成人化的儿童，而不是媒介使用者的特点所决定的。这是一个需要弄明白的重要问题。否则我们就可能盲目相信通过"改进"电视节目，成年有可能被保存下来。但是，电视不可能有多大的改进，至少在它的符号形式方面、观众收看电视的环境或者快速的信息流动方式等方面都是不会变的。尤其因为电视不是一本书，它既不能表达排版所能表达的概念性内容，也不能做到排版所能做到的深入阐述态度和社会组织的问题。

例如，电视的资源不能有效地表达过去或将来这样的时代感。它是一个以当下为中心的媒介。电视上播放的一切都让人觉得是"现在"正在发生的。正因为如此，他们必须"用语言"告诉观看者，他们所看到的录像是几天或几个月之前拍摄的。其结果是，电视把现在大大地放大了。因此，一个合理的推测是，电视迫使成人把孩子式即刻满足的需要和对后果漠不关心的接受方式视为正常。

人们收看电视的环境是另一个重要的问题。跟其他媒介一样，比如广播电台和唱片，电视往往是一个孤立的体验，不要求遵守任何公共行为的规则。它甚至不要求你专心致志，因此对成人认识社会的凝聚力完全没有帮助。

毫无疑问，电视结构中最重要的一面，也是我煞费苦心地断言的是：电视以视觉形象的形式而不是语言，来表达大多数的内容，所以，它势必放弃文字阐述，而使用叙事的模式。正因为如此，电视供人娱乐的能力几乎用之不竭。电视是大众真正拥有的第一个剧场，不仅因为它能影响数量众多的人民，而且因为电视上播放的一切都可以采用故事的形式，不需要论点或一连串的想法。政治变成了故事；新闻是故事，商业和宗教也是故事，就连科学也变成了故事。如前所述，正因为如此，像《宇宙》和《人之上升》这样的电视节目，跟其他电视节目一样，在视觉上充满动感，富有戏剧性。也就是说，卡尔·萨根和雅各布·布洛诺夫斯基应该——其实必须——以个性鲜明的人物、娱乐者和讲故事者的面貌出现在观众面前，他们的周围同时要有非常有趣的东西可看。宇宙哲学这样的科学在电视上不容易表现，于是我们必须看卡尔·萨根一边骑自行车，一边谈论这个话题。同样地，电视绝不可能表现一个文化演变的理论，这正是布洛诺夫斯基的《人之上升》所要表现的。然而，100个观看者当中也不会有1个人意识到这个事实，因为他的理论和证据都被埋在了排山倒海般的、时间持续极短的画面之下。除非把画面去掉，让人们听到语言（这跟把剧本用书的形式印刷出来一样），布洛诺夫斯基的思想才会变得明明白白，他那些值得怀疑的理论才会获得评价。

　　人们常常听评论家抱怨说，电视只维持了最一般的智力水准。但是，试想一下，电视的画面（比如萨根骑自行车）怎么可能启迪更高层次的思维呢？杰出的科学作家、物理学教授杰里米·伯恩斯坦（Jeremy Bernstein）在评论《宇宙》的文章里提出了徒有虚名的答案。[1] 伯恩斯坦提出，当电视表现科学节目的时候，视觉图像应该保持稳定，屏幕上的教授要坐在课桌后面，他只要讲话即可。伯恩斯坦还提出，假定谈话包含复杂的事实、想法和推断，这样的节目更会激发有知识的想象力。不过，这样就不是电视节目了，而是《朝阳学校》。但是，照他这样做，就是用电视来模拟演讲堂或教室，那么即使那些渴望获得更高级学识的人是否能长久地看，也值得怀疑。那些人到演讲堂和教室去，是想获得伯恩斯坦希望他们学习的东西。他们期待的是跟电视节目不同的东西，并希望那些节目制作人提供这样的电视节目。在我写此书的时候，WCBS 将要开播商业电视版的"科学节目"，并期待吸引大量观众。这个节目叫作"沃尔特·克朗凯特[2]的宇宙"（*Walter Cronkite's Universe*）。无疑，作为成人而且受过很好教育的伯恩斯坦教授，他相信宇宙自身是不言自明的，不需要克朗凯特先生之流进行宣传。WCBS 可不会上当。WCBS 深深懂得，由印刷术的发明而兴起的以文字为主宰的"文字说明时代"（the

---

1　参见伯恩斯坦在 *The Dial* 里的评论，第二卷，第 6 期（1981 年 6 月），第 46—49 页。

2　沃尔特·克朗凯特（1916—2009），美国哥伦比亚广播公司——电视台特派记者，1962—1981 年任哥伦比亚广播公司《晚间新闻》总编辑，也是环球广播公司和哥伦比亚广播公司的特别节目主持人。——译者注

Age of Exposition），虽然赋予了成人与众不同的头脑，但这个时代已接近尾声。取而代之的是"叙事时代"（the Age of Narration），如果要表达得更准确、更形象化，应该说是"娱乐时代"（the Age of Show Business）。

我并没有把娱乐时代当作比喻来用。我用的是它的字面意思，虽然这可以包含两种意义。第一是指电视把生活的每个方面都转变成了娱乐的形式。我们不仅有《沃尔特·克朗凯特的宇宙》［这个节目如果换成唐·里克莱斯（Don Rickles）讲60分钟关于宇宙空间的笑话和洛拉·法拉纳（Lola Falana）高唱一曲《星球大战》的主题歌，也并无不妥］，我们还有《雷克斯·亨巴德[1]和他的一家》（Rex Humbard and His Family），在外景地带给观众上帝的福音。亨巴德牧师只是一小撮利用电视使电视广告几乎达到神学幼稚化的牧师中的一员。这些福音传道者，在歌手、家庭成员和一些在舞台上和观众中都属极漂亮的人当中，提供一种简单化和戏剧化的宗教，跟赌城（拉斯维加斯）的表演没什么两样。它抛开了令观看者的头脑负担重重的教义、专用术语、逻辑、仪式或传统。观看者只需要对牧师的个人魅力有所反应即可。

至于观看新闻，正如本书所指出的，电视对观者的要求也不

---

[1] 亨巴德是一个基督教福音传道者。他在20世纪50年代就意识到电视的影响力，并发起建造了"明天的大教堂"，在教堂里拍摄宗教节目向美国、加拿大乃至全世界布道。——译者注

例外。在我写此书的时候，WNBC 刚刚宣布与汤姆·布罗考（Tom Brokaw）签订了年薪为几百万元的多年合作合同。为了什么？要他读新闻。人们不禁要问，布罗考先生是否可以把他的表演带到赌城去赢利："这是汤姆·布罗考的新闻世界，由唐·里克莱斯主播体育，洛拉·法拉纳主播气象。"不过，这有些多此一举，因为他在电视上的表演会有比赌城更多的观众。在当今的世界里，"娱乐"模式中最突出的例子是《芝麻街》。这是一个受到高度赞扬的儿童教育节目。该节目的创作者们毫无保留地接受了"娱乐不仅不会影响学习，而且和学习是难以区分的"这个想法。为了捍卫这个教育观念，WCBS 教育关系部主任杰克·布莱辛顿（Jack Blessington）说："在孩子自身发展和认知发展之间有一个距离，学校教育并不知道该如何处理这个距离。"他继续解释道："我们生活在一个高度复杂的、以电子为中心的社会。印刷品会使一切事情的速度减慢下来。"[1] 的确如此。印刷意味着一个放慢速度的头脑，电子则意味着一个加快速度的头脑。这种情况的后果之一，显然布莱辛顿没有注意到，就是电视使我们的文化向"娱乐化"的方向发展。他所说的"距离"，其实是指文字说明所倡导的思想渐慢的过程和视觉娱乐节目所要求的快速反应之间的区别。不言而喻，像《芝麻街》这样的节目在黄金时段播出之所以受到成人和儿童的欢迎，不是因为所谓的教育功

1　转引自 *Backstage*，1981 年 6 月 19 日，第 60 页。

能,而是因为,简言之,它一流的表演。

"娱乐时代"这个词的第二个意思跟第一个相关,但需要有它自己的解释。我提到电视事业是娱乐、表演,它抛弃抽象,把一切都变得具体化。正是在这个意义上,我们能够理解成年的概念为什么会萎缩。我们来回忆一下刘易斯·卡罗尔(Lewis Carroll)[1]笔下的爱丽丝在冒险开始之前所说的一番话,就可以确定问题的关键所在。这一天,爱丽丝懒洋洋地无事可做。她偷偷看了看姐姐正在看的书,但书里没有插图,也没有对话。这些便是爱丽丝指的故事。"书到底有什么用,"爱丽丝想,"既没有图画,也没有对话。"刘易斯·卡罗尔显然是在说明一个道理,跟文字说明相比,图画和叙事的形式不够复杂和成熟。图画和故事是儿童了解世界的天然形式,文字说明则是给成年人看的。

假如我把爱丽丝的问题作为一种启发,那么,一个被图画和故事主宰的文化对成年人会有什么影响?一个完全以现在为中心的、不能揭示时间的持续性的媒介会产生什么样的后果?一个郑重放弃概念的复杂性而只强调人物个性的媒介会产生什么样的后果?一个只注重眼下的情绪反应的媒介会产生什么样的结果?

如果这个媒介像电视一样渗透到各个领域,那么我们可以这样回答:一如语音文化改变了公元前5世纪雅典人的思维倾向,一如公元5世纪社会识字文化的消逝促成了中世纪的头脑,一如

---

[1] 刘易斯·卡罗尔是《爱丽丝梦游仙境》的作者。——译者注

排版在 16 世纪增强了思想的复杂性,其实,改变了思考的内容,那么,电视使我们不必区分儿童和成人,因为电视的本性是使智力趋向单一化。人们常说,电视是为 12 岁儿童的心智设计的,但忽略了电视极具讽刺意味的一面,即电视不可能设计出其他智力层次的节目。电视是一种除了"图画和故事"之外就没有什么内容的媒介。因此,爱丽丝会觉得电视很适合她的需要。

话虽如此,而且尽管看上去的确如此,我并不是"批评"电视,只不过是描述电视的各种局限以及这些局限会带来的后果。关键取决于我们如何理解这个改变文化的伟大媒介的本质。1981 年,在爱默生学院(Emerson College)的毕业典礼上,美国广播公司(ABC)的董事会主席伦纳德·戈登森(Leonard H. Goldenson)对毕业生说:"……我们不能再依赖于掌握传统的技能。作为传播者、执行者、创造者和公民,电子革命要求我们掌握一种新的识字能力。那就是画面读解能力、掌握电子技术的能力。它相对于我们今天的书面文字文化而言,是一种进步,正如书面文字文化相对于早期人类史上单纯的口语传统是一种进步一样。"[1] 如戈登森在上述这段话中的一个句子所暗示,他自己已经丧失了一些传统的技能。暂且撇开他的这个论证不说,我相信他的陈述的前半部分完全正确,尽管那并不是他本想表达的意思。电视和其他电子媒介,正如他公正地说的,不要求掌握传统

---

1 转引自 *The Des Moines Register*,1981 年 6 月 15 日,第 7c 页。

的技能。这正是我的观点,因为它意味着那些技能对鼓励保持成年和童年之间的智力差异是无能为力的。至于他说的"画面读解能力"对于书面文字文化是一种进步,就像书面文字文化对于口语传统是进步一样,人们只能怀疑戈登森先生到底指的是什么样的进步。虽然声称识字文化纯粹是一种恩赐,会让人觉得既天真也不准确,但是书写文字,然后是印刷文字,的确为人类文明带来了一种新的社会组织。它带来了逻辑、科学、教育和礼仪,诚然也带来了戈登森先生所掌管的技术。因此,我们可以说,识字的头脑为识字文化播下了毁灭的种子,因为识字的头脑创造了新的媒介,而这些媒介又使识字文化所依赖的"传统的技能"变得毫无意义。我大惑不解的是,除了电视网的董事会主席之外,谁还会对这样的事实保持乐观态度。

第8章

正在消逝的儿童

到目前为止，我一直都在努力描绘社会表现自身的象征符号领域是如何使童年成为必要或者毫不相干的。我尤其试图解释童年的概念在西方文明中逗留了很久以后，如今划时代的新媒介如何正将它一步步地驱逐出去。接下来，我要摆出一些直接的证据证明这种驱逐确实已经开始了。

童年消逝的证据以不同的形式出现，出自不同的来源。例如，有媒介自身所表现出来的证据，因为它们不仅从形式和背景上积极铲除童年的概念，而且在内容上也呈现降格的趋势。人们可以看到，有证据显示儿童和成人在趣味和风格上越来越融合一气。相关的社会机构，比如法律、学校和体育运动也在改变原来的看法。还有一种"确凿"的证据，比如有关酗酒、吸毒、性活动、犯罪等等的数据，都意味着童年和成年之间的区别越来越模糊。然而，在呈现或指出证据之前，我觉得有必要承认，无论我有多少证明童年消逝的证据，但是本书所提出的有关为什么这种情况会发生的猜测并不能被证明。这不仅因为推测和理论绝不可能被证明，即便是物理科学也一样，而且因为有关社会科学的一切努力，证明或驳斥的想法本身就包含多种解释和各种复杂性，没有人能断定证据是否能让猜测成立，或受到抑制，或干脆毫不相干。

举例说明：据称女性青春期的开始时间，在过去的130年里，每10年大约提前4个月。因此，比如说，1900年，女性月经初次来潮的平均年龄大约是14岁，而1979年，平均年龄则是12岁。[1] 我倒是非常愿意相信这个数据，因为如果是正确的，它就表明，童年概念的萎缩，从生理学的角度来讲，在电报发明以后不久就开始了。也就是说，在青春期年龄提早和信息传播技术革命之间，有一个近乎完美的巧合。于是，我情愿把它当作有利于我的论点的证据，但我也相信应该有更好的解释，特别是那些跟饮食习惯改变相关的解释。

再举一例：美国的家庭在变小，这是毫无疑问的。今天，（在美国）每户人口只有2.8人，而1930年则有4.1人。或者从另一个

---

[1] 参见莱奥尼德·马丁（Leonide Martin）的《妇女保健》（*Health Care of Women*），第95页。然而，这个被广泛承认的看法受到纽约州立大学水牛城分校的维恩·L·布洛（Vern L. Bullough）的挑战。参见"女孩发育的平均年龄提早的说法站不住脚"（"Drop in Average Age for Girls' Maturing Is Found to Be Slight"），《纽约时报》，1981年7月11日，第7页。

方面来看，1950年，10.9%的美国家庭是一个人的家庭。而今天，这个数字高达22%。[1]美国人不仅生育越来越少的孩子，而且显然待在家抚养孩子的时间也越来越少。这是不是我们的传播环境改变所产生的结果？我相信是的，但是，如果否定其他因素，如美国人日益富有、他们惊人的流动性、妇女解放运动等等，也促成了这个结果，那也是愚蠢的。换句话说，如同这个例子，它不仅有多种起因，而且，如先前的例子，也完全可以用其他的理论来解释这些事实。毕竟，在试图解释社会组织的变化或者任何文化趋势的时候，人们可以有许多的切入点。例如，马克思主义者和弗洛伊德学说的信奉者，他们对于童年为什么会消逝的问题已经有一套现成的解释，假定他们同意证据表明情况的确如此的话。社会生物学家、人类学家——天知道还有什么人——也许甚至还有科学神造论的信奉者，他们也不会觉得自己在这个问题上无话可说。我选择了本书提供的解释，是因为就任何一个称得上站得住脚的单一视角而言，这一个视角最能说明事实。确实，对我来说，童年是文化需要传播的功能以及文化得以传播的方式，这是再显然不过的了。虽然经济、政治、思想形态、宗教以及其他因素都会影响童年的进程，使之变得更重要或不太重要，但它们不

---

[1] 参见乔治·马斯尼克（George Masnick）和玛丽·乔·贝恩（Mary Jo Bane）的《我国的家庭：1960年到1990年间家庭人口数量下降和单一人口家庭的出现》(*The Nation's Families: 1960—1990 for documentation of the decline of household members and the rise of the single-member household*)。

可能创造童年或者把它一笔勾销。只有识字文化，它的存在或不存在才具备这种力量。不过，我不会在此提出新的理由为这个观点辩论。我只希望说，我相信这个观点看上去有道理，是因为它至少有一些历史事实做后盾，也为现代的趋势所支持。本章的目的是阐述童年正在消逝。在考虑我提出的证据之后，读者自然会判断我的理论是否有用。

那么，我想开门见山，请大家注意这样一个事实，即儿童已经基本上从媒体，尤其是电视上消失了。（广播电台或唱片上是绝对没有儿童痕迹的，但儿童在电视上消失更加发人深省。）当然，我并不是说年纪小的人看不见了。我是说当他们出现的时候，都被描绘成13、14世纪的绘画作品上那样的微型成人。我们暂且把这种状况称作"加里·科尔曼现象"（The Gary Coleman Phenomenon）[1]。我这么做是指，凡是认真观看情节剧、肥皂剧或其他流行电视节目的人都会注意到，那些节目里的儿童和成人，在各自的兴趣、语言、服装或性欲上的表现都没有什么区别。

话虽如此，我必须承认流行艺术很少能逼真地描绘儿童。只要想想一些了不起的电影童星，比如秀兰·邓波儿（Shirley Temple）、杰基·库根（Jackie Coogan）、杰基·库珀（Jackie

---

[1] 加里·科尔曼是20世纪70年代末和80年代的室内剧 *Different Strokes* 中的童星。——译者注

Cooper）、玛格丽特·奥布莱恩（Margaret O'Brien）和喜剧《我们这帮人》（the Our Gang）里无伤大雅的恶棍，我们就会认识到，电影所表现的年轻人的性格和情感非常脱离现实。但是，人们仍然能从中发现一种理想，一种童年概念的构想。这些儿童穿着跟成人不同，言谈不同，看问题的角度也不同。他们有一种与众不同的身份，更容易受到伤害。即便在早期的电视里，像《反斗小宝贝》（Leave it to Beaver）和《爸爸本事大》（Father Knows Best）这样的节目里，人们会发现儿童虽然没有得到真实的描写，但他们至少与成人不同。但是现在，这些大多已经看不见了，或至少在迅速消失。

也许理解电视上所发生的一切的最好办法是想象一下，如果《秀兰·邓波儿节目》是今天的电视系列剧，那该是什么样子。当然，假定邓波儿小姐的年龄不变，还是她拍出那些令人难忘的电影时的年龄。（她4岁便开始了电影生涯，在6岁到10岁间拍出了许多成功的影片。）除了作为模仿，秀兰·邓波儿会唱，比如说，唱主题歌《好船棒棒糖号》（On the Good Ship Lollipop），还能想象她会做什么？如果她真的唱歌，她的氛围可能是摇滚乐，也就是说，音乐既要维系成人的情感，也要维系年轻人的情感。在今天的电视网上，根本不存在什么儿童歌曲。儿童歌曲已经成为一个灭绝了的物种。这种现象跟我所能想象到的证据一样，很能够说明问题。总之，一个10岁的秀兰·邓波儿也许会要一个男朋友，这样她可以经常与之发生纠葛，模拟情人间的争吵。她自然要放弃"小女孩"的衣服和发式，而代之以接近成人的流行时装。她的语言则会由一连串心照不宣的俏皮话组成，包括大量涉及性暗示的话。简单地说，《秀兰·邓波儿节目》不会也不可能是关于一个孩子的节目，无论她可爱还是不可爱。观众中有太多的人会觉得这样的构想要么稀奇古怪，要么无法辨认，年轻的观众更是如此。

当然，我们传统的童年模式在电视上的消失，在电视广告上表现得尤其淋漓尽致。我已提到过广告大量使用十一二岁的女孩做性对象，如布鲁克·希尔兹现象（the Brooke Shields Penomenon）。但有必要提一下的是乔达奇牛仔裤（Jordache Jeans）这个异想天开的广告。在广告里，一群还没到青春期的在校男生女生，被表现为傻乎乎地受着性欲的驱动。由于穿了品牌牛仔裤，他们的情欲被进一步煽动起来。广告的结尾显示他们的老师也穿着同样的牛仔裤。这样的广告，除了说明在性欲方面或挑起性欲的方法上儿童和成人之间没有区别之外，还能有其他什么意义呢？

但是，除此之外，具有同样重大意义的还有：儿童，无论有或没有亢奋的性欲，一般都被不知羞耻地用来充当广告剧的演员。有一天晚上看电视，我数了一下，共有9个不同的产品利用儿童做推销员。这些产品包括香肠、房地产、牙膏、保险、洗涤剂和连锁餐馆。美国的电视观众显然不认为由儿童来告诉他们美国国家公司的辉煌成就有什么不同寻常或令人不快，也许这是因为儿童越来越多地获准参与成人生活的各个方面，所以要把他们从生活中最重要的一方面——销售中排除出去，显得有些不合情理。

儿童在电视上的"成人化"现象也同样发生在电影里。那些题材各异的电影，如《魔女嘉莉》(*Carrie*)、《驱魔人》(*The Exorcist*)、《艳娃传》(*Pretty Baby*)、《纸月亮》(*Paper Moon*)、《凶兆》(*The Omen*)、《青春珊瑚岛》(*The Blue Lagoon*)、《小可爱》(*Little Darlings*)、《无尽的爱》(*Endless Love*)，还有《情定日落桥》(*A Little Romance*)，它们都有一个共同的儿童观念：儿童在对社会的理解方面，在语言和兴趣上与成人是别无二致的。若想观察近些年来儿童电影形象所发生的转变，一个最启发人的办法是把30年代的影片《小淘气》(*The Little Rascals*)和1976年的电影《龙蛇小霸王》(*Bugsy Malone*)进行比较。《小淘气》是一出讽刺剧，孩子们在里面扮演过去匪帮电影里的成人角色。在《小淘气》里，大部分幽默纯粹来自儿童仿效成人举止所产生的不协调。虽然《龙蛇小霸王》也把儿童比作成人，但他们所扮演的角色与他们自身几乎没有不协调的感觉。说到底，12岁的孩子使用"成人"语言，穿成人服装，对性表现出成人一般的兴趣，高唱成人歌曲，这有什么荒谬可笑的？问题是《小淘气》分明是喜剧，而《龙蛇小霸王》则几乎接近纪录片。

在儿童文学方面，许多引起广泛讨论的变化跟现代媒体的趋势一脉相承。朱迪·布鲁姆的作品已有许多仿效者。像布鲁姆女士一样,这些作家深深懂得,"青少年文学"的主题和语言要模仿成人文学,尤其当其中的人物以微型成人出现时最受欢迎。当然,我不希望给人一种印象,即当前儿童文学中(或者也在电视或电影方面)没有一部表现儿童与成人截然不同的作品。但我确实想说明,在儿童的形象方面,我们的流行艺术正在经历一个需要迅速重新定位的问题。也许人们可以这么赤裸裸地这么说:我们的文化不够大度,不能同时包容朱迪·布鲁姆和沃尔特·迪士尼(Walt Disney),其中之一必须被淘汰。如迪士尼帝国日益低落的票房所显示,淘汰的正是迪士尼的儿童形象,儿童需求的构想正在日益消失。[1] 我们正在驱逐200年来以年轻人作为孩子的形象,而代之以年轻人作为成人的意象。

虽然这正是布鲁姆女士、现代电影制作者和电视作家的所作所为,但是人们无法指控他们犯有道德或社会过失罪。在对我们的流行艺术进行批评时,人们无论如何都不能指责他们对社会现实视而不见。步履沉重的黑人、贪婪的犹太人甚至(在某种程度上)逆来顺受的妻子,都从人们的视野中消失了,这并不是因为他们作为素材不够有趣,而是因为观众不能接受它们。同样地,秀兰·邓波儿被布鲁克·希尔兹所取代,因为观众要求流行艺术的偶像和他们所经历的社会现实之间有某种一致性。电视究

---

[1] 有关迪士尼帝国的衰落的文献资料和分析,参见"对着迪士尼正在坠落的星辰祈祷"("Wishing Upon a Falling Star at Disney"),《纽约时报周刊》,1980年11月16日。

第8章 正在消逝的儿童 / 165

竟在什么程度上反映了社会现实，这个问题非常复杂，因为有时候电视稍微滞后于现实，有时候超前于现实，有时候则正好反映现实。但是，电视绝不能离社会现实太远，否则它就不成其为流行艺术了。正因为如此，我们可以说电视是最民主的社会公共机构。电视节目表现人们所理解的和想要看的，否则就会被取消。多数人已不理解也不想要传统的、理想化的儿童模式，因为他们的经历或想象力并不支持这样的模式。

这样的情况也发生在传统的成人模式方面。如果人们仔细注意电视节目的内容，就会发现一些相当准确的记录，不仅涉及"成人化"的儿童的兴起，而且也涉及"儿童化"的成人的兴起。电视在这一点上非常显见，尽管表现孩子气的成人的最好代表，毫无疑问是电影《在那里》（Being There），因为它恰恰反映了我所描写的过程。拉韦尔纳（Laverne）、雪莉（Shirley）、阿奇（Archie），"爱之船"的水手、三人行、芳兹（Fonzie）、巴迈·米勒的侦探（Barney Miller's Detectives）、罗克福德（Rockford）、科亚克（Kojak）和整个幻想岛（Fantasy Island）上的人物，几乎都不能算是成年人物，即使在人们充分考虑成年人物的传统形式而予以谅解之后。除了个别例外，电视上的成人并不认真对待工作（假如他们真的工作的话），他们不抚养儿童，不参与政治，不信仰宗教，不代表任何传统，没有远见，也没有严肃的计划，没有深入的对话，在任何情况下都不曾暗示他们跟8岁的孩子有什么不同的地方。

虽然我的学生都是很投入的电视观众,他们敦促我修改下面的陈述,但是,我只能在商业电视节目中找到一个经常出现的虚构人物,即《单身公寓》(*The Odd Couple*)里的费利克斯·昂格尔(Felix Unger)。他被描写为有成人的爱好,喜欢严肃音乐。他的语言显示在生活的某个阶段,他实际上读过书。确实,相当引人注目的是,电视节目里的成人大多被描绘成功能性的文盲,不仅因为他们的知识结构里欠缺从书本上学来的内容,而且因为他们的头脑甚至没有一丁点儿慎重考虑的习惯。[《单身公寓》现在只有在重播时才能看到,不仅令人啼笑皆非地把费利克斯·昂格尔变成了一个很有文化的人,而且极其反常规地把他的伴侣奥斯卡·麦迪逊(Oscar Madison)变成了一个没有文化的职业作家。]

论述流行电视节目如何浅薄的文章已经非常多,但我并不是在此讨论那种判断。我的观点是:电视上最常用的成人模型其实是个儿童模型。这种模式几乎在各种电视节目里比比皆是。例如,在竞赛节目里,参赛者经过精心的挑选,以确保能够对羞辱(来自一个假扮的成人,即"主持人")有无穷无尽的容忍度,他们的情感能在瞬间调动起来,他们对事物的兴趣有莫大的热情。其实,竞赛节目是对课堂的拙劣模仿。在这个课堂上,孩子气的参赛者因为服从指挥和少年老成而受到相应的奖励,否则就要经受传统上学校的学生所要承受的一切负担。再举一个例子。肥皂剧里缺少成年人物的情况非常显著。在我写本书时,已有人着手制作一个"10来岁的青少年"版本的辛迪加肥皂剧,名叫"年轻的生命"(*Young Lives*),仿佛要记录年轻人的世界和成年人的世界并没有区别这样的想法。在这一点上,电视比电影更有过之而无不及:《年轻的生命》是不带讽刺意味的《龙蛇小霸王》。

这一切之所以发生,不仅仅是因为前三章所阐述的种种原因,而且是因为电视试图反映普遍的价值和风格。在我们目前的情况下,儿童的价值和风格以及成人的价值和风格往往融为一体。人们不必是社会学家就能注意到如下的事实:

在过去的10年里,童装业经历了巨大的变化。过去毫不含糊地被认作"儿童的"服装,现在已经基本上杳无踪影。12岁的男孩现在穿三件套的套装去参加生日聚会,而60岁的男人则穿牛仔服去参加生日聚会。11岁的女孩穿高跟鞋。过去清楚地标志年轻人的随意性和活泼好动的运动鞋,现在据称对成人也表示同样的意思。超短裙曾经是成人仿效儿童风格的服装的最令人尴尬的例子,此时此刻已销声匿迹了。但是,取而代之的则是人们在纽约和旧金山的街头随处可见的、成年妇女穿着的小白袜子和仿儿童式的方口系带鞋。关键在于我们目前正在经历一种时尚的倒退,自16世纪起通过衣着方式来辨别儿童的办法已经行不通了。随着儿童概念的减弱,童年的象征性标记也必然随之减弱。

这个变化过程不仅在服装上,而且在饮食习惯上也可以看出。垃圾食品,过去被认为只适合年轻人没有分辨能力的味觉和钢铁般的胃，现在却也成了成年人的日常伙食。这可以从麦当劳和汉堡王的电视广告中看出，它们的吸引力并没有年龄之分。人们也可以直接注意一下光顾这种地方的儿童和成人的分布情况。成人看上去至少消费跟儿童一样多的垃圾食品。[1] 这可是一个非同小可的问题：许多人看来已经忘记了，过去成人应该对什么可以吃、什么不可以吃有比儿童更高的标准。实际上，当年轻人表示出拒绝使垃圾食品工业得名的饮食的倾向，才是他走向成年的标志。我相信我们能够相当肯定地说，现在这个转向成年的标志已经完全无影无踪了。

儿童和成人的价值和风格正在融为一体，最显著的症状表现在儿童的游戏方面，也就是说，儿童游戏正在消失。尽管我还没有发现有关无人监督的街头游戏的衰落情况的研究资料，但它们的消失已足够明显。总之，从"少年棒球联合会"和十二三岁的"小选手橄榄球队"这类社会公共机构惊人的蓬勃兴起，便可略见一斑。除了市中心的比赛依然控制在打球的年轻人手里，美国青年的比赛已经变得越来越正式，像职业运动员一样，且极为严肃认真。根据总部在宾夕法尼亚州威廉波特（Williamsport）的"少年棒球联合会"的资料显示，少年棒球是世界上最大的

---

[1] 对于不同年龄群消费多少麦当劳的食物，麦当劳公司坚持不肯公开具体的数字。从他们口中，我所得到的最有用的一句话是：年轻的成人带着孩子，是光顾麦当劳最大的人群。麦当劳公司详细目录的分类是年幼的儿童、10岁到12岁的儿童、13岁以上的青少年、年轻的成人和老年人。

青少年体育运动，至今共发了1400多张许可证，有超过250万年轻人参加。他们的年龄从6岁到18岁不等。这个组织的结构仿效"职业棒球联合总会"（Major League Baseball Association）的模式，比赛本身的特点也是以成人棒球比赛的情感风格为模式的：没人可以胡闹，不能随意更改规则，不受现场观众评判的影响。

儿童游戏跟成人不相干的想法显然遭到美国人的排斥。他们坚持，即使只有6岁，儿童游戏也不能随意自发地进行，而是应该在成人小心的监督下，紧张激烈地进行。1981年7月17日，《纽约时报》上刊登的一篇故事揭示了许多成人并不理解儿童游戏被重新定义的意义。当时正是加拿大安大略省的足球锦标赛，涉及10个国家的4000名儿童。在新泽西的东不伦瑞克（East Brunswick）和安大略的伯灵顿（Burlington）之间的一场10岁男孩组的比赛中，"父亲们在场外发生争执，有些球员因此动手动脚，并口出脏话，一个来自伯灵顿的球员还做了个下流的手势"，两个球队就此大打出手。最热闹的是两个球员的母亲之间也发生冲突，其中一个还踢了另一个。当然，出现这种情况也实在不算稀奇，因为在"正式"的棒球和橄榄球比赛中，成人之间发生冲突的情况不胜枚举。（我自己亲眼目睹过几个40来岁的人毫不留情地"骑"在一个11岁的游击手身上，因为他在一局里犯了两个错误。）但是，最意味深长的是打架之后一个母亲所说的一番话。在回顾整个事件时，报上引用她的话说："这（打架)只是一场精彩比赛中的 30 秒。第二天晚上,我们的孩子输了,但比赛还是很精彩。家长为两个队的孩子鼓掌。总的来说,这是一个很好的经历。"可问题是,首先,家长待在那儿干什么?为什么有 4000 个孩子卷入一项锦标赛?为什么新泽西的东不伦瑞克队要跟安大略的伯灵顿队比赛?训练这些孩子是为了什么?对所有这些问题的回答是:儿童的游戏已经成为成人热切关心的事情,它已变得非常职业化,已不再是一个脱离了成人世界的世界。

如今,儿童进入职业化和世界级业余体育比赛,自然跟这些都有千丝万缕的联系。比如说,1979 年温布尔顿网球锦标赛中,最引人注目的是表现极为出色的、年龄还不满 16 岁的特蕾西·奥斯汀(Tracy Austin)。当时,她是锦标赛有史以来最年轻的选手。1980 年,则有一个 14 岁的选手参加比赛。老资格的温布尔顿冠军约翰·纽科姆(John Newcombe)对此大为震惊,表示在不久的将来,12 岁的选手会成为网球比赛的中心人物。不过,就这方面而言,网球落后于其他运动。具有世界级能力的 12 岁的游泳选手、滑冰选手和体操选手不足为奇。为什么会出现这种情况?最显而易见的答案是,较好的教练和训练技巧使儿童能够达到成人水平的能力。可是,问题依然存在:成人为什么要鼓励这种做法?为什么成人要剥夺儿童自由自在、不拘礼节以及自发游戏的欢乐?为什么要儿童经受职业训练、集训、紧张和媒体大肆宣传所带来的种种辛苦?答案跟前面一模一样:传统上有关儿童的独特性的假定正在迅速消亡。我们现在有的是新兴的思想:

比赛并不是为了比赛而比赛,而是为了一些外在的目的,比如名望、金钱、身体训练、社会地位的提升,以及国家的荣誉。对于成年人,比赛是件很严肃的事情。伴随着童年的消逝,儿童眼里的游戏也随之消逝。

儿童和成人在想法上也同样有日益融合的趋势,这一点可以从他们对娱乐节目的欣赏趣味上看出来。举一个显而易见的例子:1980年尼尔森电视收视调查报告显示,成人(年龄在18岁以上)把下列节目列在最受欢迎的15个电视辛迪加节目中:《家庭问答》(Family Feud)、《大青蛙布偶秀》(The Muppet Show)、Hee Haw、《风流医生俏护士》(M*A*S*H)、《舞蹈热》(Dance Fever)、《重温好时光》(Happy Days Again)和 Sha Na Na。这些节目也出现在12—17岁之间的观众最喜欢的节目中。它们又是2—11岁的观众最喜欢的节目!至于当时流行的节目,男性成年组显示《的士速递》(Taxi)、《默克与明蒂》(Mork & Mindy)、《风流医生俏护士》、《三人行》(Three's Company)、《ABC周日晚间电影》(ABC Sunday Night Movie)和《正义前锋》(The Dukes Of Hazzard)属于他们最喜欢的节目。12—17岁年龄组也包括了同样的节目。[1] 在1981年的《尼尔森报告》中,成年男子喜欢的电视辛迪加节目中,10个里面有6个节目是跟

---

1 这些数字来自"1980年的《尼尔森报告》"(Nielsen Report on Television 1980)。

12—17岁年龄组所喜欢的一样，10个里面有4个节目是跟2—11岁年龄组所喜欢的一样。[1]

这样的数字想起来让人痛心，但这是跟现实状况完全一致的，即娱乐儿童的节目如今也同样在娱乐成人。当我写此书之时，《超人2》（*Superman II*）、《007之最高机密》（*For Your Eyes Only*）、《夺宝奇兵》（*Raiders of the Lost Ark*）和《人猿泰山》（*Tarzan, the Ape Man*）正吸引着前所未有数量的各年龄层的观众。25年前，这样的电影一般是动画喜剧片的形式，往往被看作儿童的娱乐。它们虽然不像《白雪公主和七个小矮人》那么可爱、天真、富有创造性，但依然清楚地表明是给年轻观众看的。今天，这种区别已经变得没有必要。在音乐方面，成年人和年轻人的品位也是不需要区分的，凡是光顾过成人迪斯科舞厅的人都可以做证。如果说10—17岁的青少年要比25岁以上的青年更了解摇滚乐队的名字和风格，那么这种说法很可能依然是正确的。但是，古典音乐和"成人"的流行音乐市场都在萎缩，这显示成人已经不能宣称他们的音乐品位要比十几岁的青少年表现出更高层次的情感需求。[2]

1　"1981年的《尼尔森报告》"。这份报告和1980年的报告可以向该公司要求而获得。公司地址：A. C. Nielsen Company, Nielsen Plaza, Northbrook, Illinois 60062。

2　根据古典音乐唱片最大的生产商——RCA，在20世纪60年代早期，这家公司每个月大约发行8张新唱片。今天，这个数字已降至4张。RCA的发言人声称，这种局面跟同行业其他公司相似。RCA还承认，古典音乐和复杂的流行音乐在市场上所占的份额在持续减少。今天，古典音乐、歌剧和室内乐约占全部销售的7%。其余的大多是摇滚乐、乡村音乐和爵士乐。

第8章　正在消逝的儿童　／　173

正当服装、饮食、比赛和娱乐都朝着同一种风格迈进之时，语言也在劫难逃。要记录这个变化非常困难，除了求助于一些趣闻逸事或请读者参照自己的经历之外，没有什么别的办法。当然，我们明确知道年轻人的阅读能力和写作能力在下降，无法达到"各年级"所要求的水平。[1] 我们还知道他们的说理能力和有效推断的能力也在走下坡路。[2] 这样的证据通常用来证明年轻人的识字能力普遍下降，但也同样可以用来暗示成人对语言的兴趣越来越小。也就是说，在讨论了媒介对年轻人起了创造较低级状态的语言能力的作用之后，我们仍然可以讨论家长、老师和其他有影响力的成年人对语言的重要性漠不关心的问题。我们甚至可以提出假想，成人对语言的控制能力，在大多数情况下，并不会大大超过儿童对语言的控制能力。在电视上、收音机里、电影里以及商业交易中，在街头甚至在教室里，人们注意到成人使用的语言并不比儿童有更多的变化、深度或准确度。事实上，社会上已经出现了一些小型的书籍和报纸的专栏，他们指点成人如何言谈才像成人。这也算是关注这种现象的文献吧。

1　在许多记录这种下降趋势的研究中，有一个是1979年加州教育部门主持进行的。经加州评估计划（California Assessment Program）的测试，高年级学生的表现（跟1978年相比）继续保持在测试行业所说的全国平均阅读水平以下的16%。

2　在1981年公布的一份报告中，《全国教育进展评估报告》（*The National Assessment Of Educational Progress*）显示13岁孩子的推理能力在整个70年代呈下降的趋势。

人们甚至可以进一步大胆猜测，年轻人的语言正在给予成年人更大的影响，而不是相反。虽然青少年语言的显著特征依然是每说四字就要加"像"这个词，但在其他许多方面，成人觉得十几岁的青少年的语言非常吸引人，并运用到自己的语言中去。我记录了诸多 35 岁以上来自各个社会阶层的人说话的例子。他们不带讽刺地、真诚地说，比如，"I am into jogging."（"我特爱慢跑。"），"Where are you coming from?"（原意是"你从哪儿来?"在此，意思是"What is your point of view?"即"你的看法是什么?"），"Get off my case."（"别来烦我。"），以及十几岁青少年常用的其他习惯用语。我必须让读者自行做出判断，他们的经历是否证实了这种趋势。不过，我相信，有一点我们也许可以肯定：那些我们称之为"脏话"的成人语言的秘密，现在的年轻人不仅对它们了然于胸（也许情况本是如此），而且可以像成人一样任意使用。不仅在安大略的足球场上，而且在所有的公共场所——棒球场、电影院、校园、教室、百货店和餐馆，人们甚至能听到一些只有 6 岁的孩子们非常自如地大量使用那些话。这个事实所包含的意义是重大的，因为它表明传统上成人和儿童之间的界限已经遭到侵蚀。它的意义重大还代表了举止礼仪概念的失落。确实，当语言、服装、趣味、饮食习惯等等越来越趋于相同时，扎根于社会等级观念的礼仪实践和礼仪的意义也相应下降了。[1] 在目前这种情况下，成人已经失去了大部分的权威和光环，尊敬年长者的想法变得荒谬可笑了。这种衰退正在发生，这一点可以从人们普遍漠视公共集会的规则和仪式来推定：学校里所谓的"纪律问题"越来越多，举行公共活动需要加大安保力度，声响极高的广播电台广播音乐侵入公共空间，传统上表达礼貌的话，比如"谢谢"和"请"，也越来越少听见了。

我相信上述所有的观察和推断，都是童年衰退和相应的成人性格萎缩的信号。但是，有一些硬性的事实也表明了同样的结论。例如，1950 年，在全美国，因犯联邦调查局所称的"重大罪案"而被捕的 15 岁以下的人只有 170 个。重大罪案是指谋杀、暴力强奸、抢劫和严重恐吓罪。这个数字代表了美国 15 岁以下人口的 0.0004%。在同一年，因重罪而被捕的年龄在 15 岁和 15 岁以上的有 94784 人，占 15 岁和 15 岁以上人口的 0.0860%。这意味着在 1950 年，成人（年龄超过 15 岁，含 15 岁的人）犯重罪的比率要比儿童犯罪的比率高 215 倍。到 1960 年，成人犯重罪的比率是儿童的 8 倍；到 1979 年，这个比率是 5.5 倍。这是否意味着成人犯罪在下降呢？并非如此。事实上，成人犯罪在增

---

[1] 有关这些关系的出色的历史分析，参见桑内特（Sennett）的《公共人的衰落》(*The Fall of Public Man*)。

加，因此，在1979年有40多万成人因犯重罪而被捕，占成年人口的0.2430%。这意味着在1950年到1979年间，成人犯罪率上升了3倍。成人犯罪和儿童犯罪之间的差别正在迅速缩小，这几乎完全可以归结为儿童犯罪以惊人的速度上升。在1950年到1979年间，儿童所犯重罪的比率增加了11000%！儿童轻微罪案（比如夜窃、盗窃和盗车）则增加了8300%。[1]

如果可以说美国正在被汹涌起伏的犯罪浪潮所淹没，那么，这个浪潮多半是由于儿童的参与而产生的。犯罪，跟其他任何东西一样，已不再是专门属于成人的活动，而且读者已不需要统计数字来证实这一点。新闻界几乎每天都有儿童被捕的报道。如同那些打温布尔顿网球比赛的孩子，犯罪儿童的年龄也越来越小。在纽约市，一个9岁的男孩企图抢劫银行。1981年7月，纽约韦斯特切斯特（Westchester）县的警察以性袭击7岁女童的罪名起诉4个男孩。被起诉的强奸犯，一个13岁，两个11岁，一个9岁，他是韦斯特切斯特县有史以来以一级强奸罪被起诉的年龄最小的一个。[2]

10岁到13岁的孩子正以前所未有的规模卷入成人犯罪。确实，儿童严重犯罪的频率已将青少年犯罪的法典推到了极限。美国第一个青少年法庭于1899年在伊利诺伊州建立。"青少年犯罪"

---

[1] 这些数字汇编，取材于1950年和1970年《统一犯罪调查报告》(*Uniform Crime Report*)（联邦调查局出版）以及1950年到1970年的人口普查资料。

[2] 参见纽约《每日新闻》，1981年7月17日，第5页。

这个概念到了20世纪末可能会寿终正寝，因此，美国上下的立法者急急忙忙地试图修改刑事法，这样年轻的罪犯可以接受成人的处罚。在加利福尼亚州，一个由首席检察官组成的研究小组建议把被判一级谋杀罪的青少年送进监狱，而不是送进加州青年管教所。这个小组还建议对16岁和16岁以下的暴力罪犯，法院有权决定按照成人罪犯一样进行审理。[1] 在佛蒙特州，两个10来岁的孩子因涉嫌强奸、折磨和杀死一个12岁的女孩而被捕，这个案件迫使州立法机关提出强化青少年法典。[2] 在纽约，以重罪被起诉的、年龄在13岁到15岁之间的儿童现在可以在成人法庭受审。假如被判罪名成立，可能接受漫长的监内服刑。在佛罗里达、路易斯安那、新泽西、南加利福尼亚和田纳西州，法律都进行了修改，假如罪行足够严重，13岁到15岁的儿童罪犯转到成人法庭受审变得很容易操作。在伊利诺伊、新墨西哥、俄勒冈和犹他州，通常围绕青少年审判的隐秘状态已经被排除：现在报社记者可以定期采访诉讼。[3]

儿童犯罪的频率、残忍程度，以及立法机构对这种情况做出的反应，都发生了前所未有的变化。这些无疑是有多种起因的，

1　参见1981年6月22日的《合众国际社的报告》(*the United Press International report*)。

2　参见纽约《每日新闻》，1981年7月17日，第5页。

3　若想全面考察对于儿童犯罪的态度不断演变的过程，参见《纽约时报》，1981年7月24日。

但没有一个能够像童年的概念正在我们手中迅速滑落这个事实更切中要害。我们的孩子生活在这个社会，它的心理环境和社会环境并不强调成人和儿童的区别。当成人世界以一切可以想象的方式向儿童开放时，他们必然效仿成人的犯罪活动。

他们也会成为这些活动的受害者。与儿童对社会秩序的侵犯相类似的，是成人对儿童的侵犯。根据美国全国受虐待儿童中心的统计，1979年上报的虐待儿童案有711142件。假定有相当数量的虐待儿童案是不上报的，那么，我们可以猜想，那一年有远不止200万起儿童受虐案。这样的情况除了说明儿童的特殊地位、形象和神秘光环受到巨大的削弱外，还能说明什么呢？如果说儿童遭虐待是因为他们小，这只解释了问题的一半。另一半是，他们受虐待是因为他们不被看作儿童。当儿童被看作尚未自我实现的、脆弱的、并不具备完全的智力和情感控制的人时，正常的成人不会在冲突发生时痛打他们。除非假定在那种情况下痛打儿童的成人都是精神变态，我们可以断定，至少部分答案是，许多成年人对儿童是什么样的人有不同的观点，这个观点无异于14世纪所流行的观点，即儿童是微型成人。

除了犯罪活动外，其他一些社会趋势也强化了儿童是微型成人的观念。例如，儿童中间的性活动日益增加就是相当完备的证明。凯瑟琳·契尔曼（Catherine Chilman）提供的研究数据表明，自20世纪60年代后期以来，年轻白人女性的性活动的增加尤其显著。[1] 约翰·霍普金斯大学的梅尔文·泽尔尼克和约翰·坎特纳的研究结论指出,在1971年到1976年间,纵观各个族裔,未婚少女的性行为增加了30%,因此到19岁时,55%的少女有过性交行为。[2] 我们可以有理由假定,在消除儿童和成人在性欲上的区别方面,媒体起了非常重要的作用。尤其是电视,它不仅使美国人口长期处在高度的性亢奋状态下,而且强调性满足上的平等主义;性从一个隐秘深奥的成人之谜被改造成一个可供人人享用的产品,像漱口液或腋下除臭剂一样。

这种情况造成的一个后果,是十几岁的少女怀孕率日益上升。1975年,少女生育构成美国生育总数的19%,比1966年上升了2%。但如果关注一下15岁到17岁少女的生育率,人们就会发现,这是那些年生育率增加的唯一的一个年龄组,它增加了21.7%。[3]

儿童世界中发生成人式的性活动所导致的另一个更严峻的后果是,年轻人染上性病的程度也在稳步上升。在1956年到1979

---

[1] 引自梅尔文·泽尔尼克(Melvin Zelnik)和约翰·坎特纳(John Kantner)的《美国未婚年轻妇女的性经验和避孕经验,1976年和1971年》("Sexual and Contraceptive Experience of Young Unmarried Women in the United States, 1976 and 1971"),《计划生育观察》(*Family Planning Perspectives*),第9卷,第2期(1977年3月/4月),第55—58页。

[2] 参见泽尔尼克和坎特纳,同上。

[3] 参见斯特瓦妮·文图拉(Stephanie Ventura)的《青少年的生育问题:美国,1966—1975年》("Teenage Childbearing: the United States, 1966—1975"),《关键数据报告月刊》(*The Monthly Vital Statistics Report*),全国健康统计中心出版物。

年间，10 岁到 14 岁的孩子感染淋病的百分比几乎增加了 3 倍，从每 10 万人口中的 17.7 人增加到 50.4 人。在 15 岁到 19 岁的年龄层里也发现了大致相同的增长（从每 10 万人口中的 415.7 人增加到 1211.4 人）。在一个童年和成年之间没有有效界限的社会里，传统上对青年人性行为的各种约束实际上是没有多少影响力的。在毒品消费的问题上，情况也是一脉相通。例如，美国全国滥用酒精和酗酒研究所指出，大量 15 岁的青少年饮用"相当多的酒"。一个十年级到十二年级的学生饮酒习惯调查指出，自称"重度饮酒"（指每周至少饮酒一次，每次饮酒量相当大）的人数是那些自称"偶尔饮酒"（指最多每月饮酒一次，每次饮酒量较小）的人数的 3 倍。酗酒过去一直是成年人的痛苦，现在赫然成为我们新一代微型成人的现实。至于其他毒品，包括大麻、可卡因和海洛因，证据也很有说服力：美国的青年跟成人消费一样多的毒品。[1]

这样的数字毫无疑问地标志着"成人化"的儿童正在兴起，但是，有类似的趋势表明"儿童化"的成人的现象也在日益严重起来。例如，在美国，作为主要社会公共机构的"老人院"

---

[1] 参见《美国学生吸食毒品的状况，1975—1980 年》（"Student Drug Use in America, 1975—1980"），由密西根大学社会研究学院的劳埃德·约翰逊（Lloyd Johnson）、杰拉尔德·巴克曼（Jerald Bachman）和帕特里克·奥马利（Patrick O'Malley）编写。该资料可从下面的地址获得：The National Institute on Drug Abuse, Rockville, Maryland 20857。

第 8 章 正在消逝的儿童／181

的出现，表明年轻的成年人不情愿对父母承担全部责任。照料长辈，使他们融入家庭生活之中，显然被看作不堪忍受的负担而从原本是成人必须履行的义务中迅速降级。也许更意味深长的是，跟他们父母那一代相比，目前这一代年轻成人的结婚率急剧下降，生育的孩子也更少。此外，他们的婚姻也不那么持久。根据全国健康统计中心数据显示，如今父母的离婚率是20年前的两倍，比以往任何时候都要多的孩子被卷入婚姻的解体：1979年是118万，而1963年则是56.2万。虽然对于这种趋势，我们应该假定有多种起因，包括克利斯托弗·拉希（Christopher Lasch）所指出的自恋个性日益增加的问题，但是我们可以断定它表明成人对养育儿童的责任感急剧下降。人们反对离婚最有力的论据始终是它对儿童心理所造成的影响。现在，显而易见的是，越来越多的成人认为，这个论据并不能令他们信服，反而他们认为自己心理健康的需要更重要。也许我们甚至可以说，美国的成年人与其说想为人父母，倒不如说他们自己越来越想成为儿童。无论如何，儿童已经对这种新的气氛做出了反应，其中包括大批儿童离家出走。根据联邦调查局的资料显示，1979年，有16.5万名儿童被警察拘留。据估计，未被统计在内的出走儿童至少还有这个数字的三倍之多。

在这些事实面前，人们期待某种"哲学"的出现以证实童年消逝的合理性。或许有某种支配社会生活的原则，要求人们寻找方法来确定一些无法避免的事情。无论如何，这样一种哲学确实出现了。我们可以把它当作处理现实问题的依据。我指的是一个叫作"儿童权利运动"的东西。这个名称让人困惑，因为在这个旗号下集中着两个其实相互对立的童年概念。其中之一，我在本书中不会涉及，它相信童年虽脆弱但确实值得向往，因此希望保护儿童不受忽视和虐待。例如，这个观点主张，当家长不能尽其责任时，公共管理机构应该出来干预。这种童年的构想可以溯源到19世纪，纯粹是对导致儿童劳工法、青少年犯罪法典以及其他人道主义保护的想法的进一步延伸。《纽约时报》称那些起来捍卫这个想法的人是"儿童的救星"。

另一个"儿童权利"的观点，排斥成人对儿童的监督和控制，并提出一种证明童年瓦解的合理性的"哲学"。它主张，"儿童"这个社会分类本身就是不公正的，社会应不惜一切力量使儿童免受各种各样的约束。其实，这个观点比第一个更古老，因为它的渊源可以追溯到黑暗时代和中世纪。那时候，现代意义的"儿童"是根本不存在的。

在这些问题上，情况通常如此，一些自称"激进分子"的人提出了一个"反动的"立场。无论如何，这些人也许可以被称作"儿童的解放者"。他们的早期代表人物有伊万·伊里奇（Ivan Illich）。他是优秀的社会批评家，著有颇具影响力的《非学校化社会》（*Deschooling Society*）（1971）一书。书中反对义务教育，理由是学校不仅不可能得到改善，而且更重要的是义务教育的结果阻止了年轻人全面地参与社团的生活；也就是，阻止了

第8章　正在消逝的儿童　/ 183

他们成长为成年人。伊里奇重新界定了儿童跟学校的关系。他坚持认为,多数人视学校为仁慈和培养的机构,其实学校不合理地侵犯了某一部分人的生活和学习。伊里奇的论断的说服力来自这样一个事实:现在信息如此广泛地传播,可从多种渠道获得,并且信息的整理方式使人们无须复杂的识字能力就能理解信息,因此,作为知识的源泉的学校已经失去了它存在的主要意义。此外,因为童年和成年的区别越来越不显著,因为儿童越来越不需要努力赢得成年,因为社会对儿童也越来越没有什么要求,所以学校教育的强制性开始显得不合情理了。

这种印象被进一步加深,因为教育者对他们在学校里该为孩子们做些什么感到困惑不已。一些论点——诸如人应该为上帝或国家争取更大的荣誉而受教育,甚至以打败苏联为目的——既缺乏严肃的论据,也缺乏拥护者。许多教育者情愿接受连马克思也会坚决摒弃的观点:教育是为了进入市场而做准备。假如情况的确如此,那么,成人受过教育的标志,比如历史、文学和艺术知识等,它们的重要性就大大降低了。此外,所谓学校教育对一个人未来的收入有着重要的意义,这个说法并不像许多人想象的那么站得住脚。因此,我们整个教育结构的大厦布满了危险的裂缝,而且那些干脆想拆毁这个结构的人也完全不是接受了错误的消息。其实,他们的提议有些多余。由于童年消逝了,学校也一定会消逝。伊里奇只要耐心等待即可,根本无须写一本书来论证这一观点。

上述这些观点也是约翰·霍尔特（John Holt）的《逃离童年》（*Escape From Childhood*）的主题。在该书及其他书中，他主张把儿童从300年的传统束缚下解放出来。他的论点在理查德·法森（Richard Farson）的优秀著作《与生俱来的权利》（*Birthrights*，1974）中得以拓展，即法森把霍尔特的论点引向了逻辑的结论。法森主张，儿童的信息权、教育选择权、性自由的权利、经济和政治权利甚至选择自己家庭环境的权利还给儿童。"我们给予儿童过多的自由，"法森说，"是不可能犯错误的。"[1] 法森并非没有意识到童年的历史，他显然认为14、15世纪的年轻人自然融入社会的方式，是一个恰如其分的模式。此外，他相信人们反对乱伦，主要是因为凡是参与乱伦的人都被弄得非常内疚；他相信一切性行为应该合法化，包括成人和儿童之间的性行为；需要做出安排允许儿童生活在他们喜欢的地方并和他们喜欢的人一起生活，包括由他们自己管理的"家"；儿童必须有投票权，"因为成人实际上并不把他们的利益放在心上，不会为他们投票"。[2]

像这样的儿童权利运动无异于宣称疾病还需病来医。说得更委婉一些，如前所述，这种主张所代表的正是企图使一个看来已无可逆转的文化趋势合理化。换句话说，法森不是童年的敌人，美国文化才是，但并不是直接的敌人。从某种意义上说，人们可

---

[1] 法森，*Birthrights*. New York：Macmillan，1974，第153页。
[2] 同上，第179页。

以说美国是反共产主义的。美国文化并不想反对童年。实际上，我们用来讨论儿童问题的语言依然保留着许多在 18、19 世纪时就已经确立的有关儿童的前提，正如我们谈论战争的语言保留了 19 世纪的战争思想一样。其实，今天来看这个想法是非常荒谬的，我们有关儿童的语言跟我们如今的社会现实并不吻合。在这 100 年里，我们重新设计了我们的交际方式、交际内容以及我们怎样做才能分担所有的一切，如今我们已经达到了完全不需要儿童的地步，正如我们已经达到了不需要长辈的地步（尽管我们还不敢承认这个现实）。法森的提议之所以显得如此令人恐慌不已，是因为他坦白如实，既不带讽刺也毫无遗憾地揭示了未来。

第 9 章

六个问题

在本书的开头,我就替自己解除了为童年的消逝提供"解决方案"的负担。但是,在本书结束时,我希望提出一些读者可能觉得有兴趣的问题。每一个问题都是在我研究过程中的某个时候产生的,然后就留在我的心头,挥之不去。这也是我摆脱问题的方法,至少暂时如此,也就是说,我在设法为这些问题提供答案。虽然读者自会有不同的答案,但想到这些问题举足轻重,我感到很荣幸。

童年是被发现的,还是被发明的?

本书以童年是社会产物,而不是生物需要作为开头。精通儿童心理学的读者会把这种说法至少看作有问题的,糟糕一点儿,则是不成立的。以弗洛伊德、埃里克·埃里克松(Erik Erikson)、阿诺德·格塞尔,尤其是让·皮亚杰这样有权威的研究者为支柱,普遍的观点认为,可观察的儿童发展的各个阶段是受生物规则控制的。实际上,皮亚杰把他的研究称作"遗传认识论"。他指出,儿童从一个智力层次进步到另一个智力层次,遵循的是一个遗传的原则。我没有深入探讨这个问题,因为在许多方面,它跟本书讨论的问题并不相干。事实上,童年作为社会结构的想法在中世纪并不存在。它是到了16世纪才产生的,而现在正日益消逝。当然,假如皮亚杰的说法是正确的,那么,童年的概念就不是应运识字能力而发明的,它不过是被发现了而已;而新的信息环境也并没有使它"消逝",只不过是压制它的存在而已。

由于皮亚杰基本采用的是非历史的方法,我相信他的研究有局限性。他没有充分注意到,他所观察的一些儿童的举止在早期历史阶段可能根本不存在,或者,至少相当不同。不过,我倒愿意相信他是正确的。如果他正确,那么我们可以激励自己相信,只要稍有机会,童年仍会坚持自己的存在。因为如前所述,你不可能蒙骗孕育万物的大自然,至少不可能永远蒙骗下去。但是,如果童年只是文化的产物——我倾向于相信这种观点——那么,它需要等待我们的传播环境发生惊人的重组,才会坚定不移地重新出现。而这也许永远不会发生。因此,我们面临着童年的出现可能只是文化历史的脱轨,像马拉的大车或白纸上的黑色涂鸦一般,转瞬即逝,不再出现。

为了让自己振奋起来，我愿意满足于下面的构想，并希望未来的研究将能证实我的观点：童年的概念类似于语言学习，它具有自身的生物基础，但是，除非有社会环境的激发和培养，即社会需要它，否则它不可能实现。假如文化被一种媒介控制，而这种媒介要求年轻人分离，才能学会非自然的、专业的和复杂的技能和态度，那么，童年的概念便会以这样或那样的形式出现，清楚有力而且不可或缺。如果文化传播的需求不要求年轻人长期隔离，那么童年将保持缄默无声。

童年的衰落预示着美国文化的普遍衰落吗？

美国是第一个，也是目前唯一一个完全生活在被 20 世纪的技术控制下的文化中的国家。很少有例外，美国人都愿意让他们的景观、城市、企业机构、家庭生活以及他们的思想去适应他们情愿叫作"技术进步"的各种要求。因此，我们可以正当地说，美国现在正处于它的"第三次伟大实验"（the Third Great Experiment）中，全面的结果还一点儿都不清楚呢。

"第一次伟大实验"是托马斯·潘恩[1]称作"政府的原则和实践的革命"。它起源于 18 世纪后期，提出了这样一个问题：

1　托马斯·潘恩（Thomas Paine，1737—1809），美国独立战争时期的政治家，资产阶级民主主义者和启蒙学者。1776 年出版《常识》小册子，号召殖民地反抗英国统治。——译者注

"思想和表达的自由是建筑政治结构的可靠想法吗?""第二次伟大实验"起源于19世纪中期,属于社会性质的,它提出了这样一个问题:一个由来自世界各地、不同民族组成的人口,他们有自己的语言、传统和习惯,文化能从这样的人口中造就出来吗?在实验过程中允许某些失败,但我们可以说,这两个实验都相当成功,在很大程度上是世界的奇迹,令人羡慕。

"第三次伟大实验"始于20世纪初,提出了这样一个问题:一个文化如果允许现代科技全面主宰它的命运,那么它能保留原有的人道价值,同时创造新的价值吗?奥尔德斯·赫胥黎[1]和乔治·奥威尔[2]已经给出了他们的答案,那就是:"不能。"刘易斯·芒福德也给了他的答案,是"可能不行",诺伯特·维纳[3]的答案跟前者如出一辙。雅克·埃吕尔(Jacques Ellul)几乎每年都在报告里提出他的答案,那是所有答案中最铿锵有力的"不可能"。那些给出各种各样的"能"的答案的人,有巴克敏斯特·富勒(Buckminster Fuller)、阿尔文·托夫勒(Alvin Toff-

---

　　1　奥尔德斯·赫胥黎(Aldous Huxley, 1894—1963),英国小说家、散文家、博物学家。1932年发表科幻小说《美丽新世界》,以讽刺笔法描写他心目中的未来世界。——译者注

　　2　乔治·奥威尔(George Orwell, 1903—1950),英国作家。主要作品有长篇小说《巴黎伦敦落魄记》和《动物庄园》等。临终前发表的长篇小说《一九八四》描绘了未来独裁统治下的恐怖情景。——译者注

　　3　诺伯特·维纳(Norbert Wiener, 1894—1964),美国数学家,哈佛大学哲学博士。1948年提出控制论,对现代计算、控制、通信、自动化技术、生物学和医学理论都有不同程度的影响。在哲学上,自认为是一个存在主义者。——译者注

ler)、梅尔文·克兰兹伯格（Melvin Kranzberg）、塞缪尔·弗洛尔曼（Samuel Florman）和伊萨克·阿西莫夫（Isaac Asimov）。阿西莫夫过分迷醉于技术的成就和潜能。显然，这个问题依然有待解答，允许我们进行猜测。技术本身被神化，政治过程被降格，成人的头脑日益萎缩，童年逐步走向消亡，这些都是可悲的迹象。全世界都在看着美国能否走出肢解过去历史的困境，然后制订出相应的挽救计划。

但是，美国人还没有开始考虑这个问题。20世纪科技的震撼，麻痹了我们的头脑。我们刚刚开始注意到科技发展过程中抛撒给我们的精神和社会的残渣。不过，并不是每个人都因震惊而目瞪口呆。例如，我们也许还记得拉尔夫·纳德（Ralph Nader）在1965年出版的《任何速度都不安全》（*Unsafe at Any Speed*）一书。该书对一个重要的技术进行了强有力的批评，受到了读者的普遍欢迎。不错，这本书的确是在美国人允许汽车改变他们的景观、城市和社交生活之后才出版的。但它还是出版了。此后，其实紧接着，悄悄地涌现出大量其他的批评以及论述我们所走过的道路的著作：麦克卢汉的《理解媒介》（*Understanding Media*）、埃勒尔的《科技社会》（*The Techonological Society*）、维纳的《人有人的用处》（*The Human Use of Human Beings*）、约瑟夫·魏泽鲍姆（Joseph Weisenbaum）的《计算机威力与人类理性》（*Computer Power and Human Reason*）、芒福德的《机器之谜》（*The Myth of the Machine*）、肯尼思·博尔丁（Kenneth Boulding）的

《20世纪的意义》(*The Meaning of the Twentieth Century*)、布尔斯廷的《图像》(*The Image*)等等。这些书，包括后来出版的书，都有助于美国人停下脚步，认真思考一下未来，并向他们指出技术可以为他们服务，而不是他们为技术服务。因此，我们有理由希望文化分裂的早期迹象不会持久。

至于童年的概念，我相信，长远来看它一定会成为当今科技发展的牺牲品。电的发明搅乱了使童年产生并得到培育的信息环境。但是，失去童年，并不等于我们要失去一切。归根结底，印刷术粉碎了世界宗教团体的团结，摧毁了口语传播传统的亲密无间和诗意，削弱了区域的忠诚，并创造了极其没有人性的工业体系。但是，西方文明中的一些人道价值依然完好无缺地保存了下来，并且还能创造出一些新的价值，包括那些有关养育儿童的价值。由于我们从事的事业所带来的初次震撼已经开始减弱，我们还是应该想象自己处在一个比较愉快的地位，到头来也许会产生一些值得保存的东西。

道德多数组织和其他宗教激进组织在保存童年方面究竟出了多少力？

在50年代，一些上了年纪的人会记得，如果你贸然评论，说某个政党在某个领域里提出了好主张，那你就要做好准备接受指责，至少说你是"一路货"，最糟说你是个持有正式党牌的党员。今天，在某些领域内，关于宗教极端主义运动的问题，同样的思维方式很流行：说一句与宗教极端主义立场不谋而合的话，会使你遭到谴责，说你放弃了自由主义的传统。为准备反击这种指控，我想说，宗教极端主义复活，依我之见，潜藏着危险，因为它充满着宗教的盲从和政治极权主义的精神。此外，我的印象是许多信奉宗教极端主义的基督徒热爱他们单一民族的独立国家胜过热爱上帝，没有任何东西比让他们的主绝望更使他们快乐：宗教极端主义甚至支持在他们独立国家的武器库里添加一种毁灭性的武器[1]。

然而，如前所述，这个有时被称作"道德多数组织"的团体，在我看来，比其他任何组织更清楚地意识到新的信息环境对儿童的影响。它试图安排从经济上抵制某些电视节目的赞助商，它努力恢复对性的抑制和尊重感，它尝试建立坚持严格礼仪标准的学校，这些都是旨在保存童年的积极活动的范例。当然，所有这一切都不可能有效地达到目的，因为它的力量太弱小，起步也太迟，实际上，也不能解决一个纯粹需要信息环境重组才能解决的问题。但我相信，这种努力还是值得称道的，而且，谁知道，也许它可以减缓童年瓦解的脚步，这样我们就有充足的时间来调整，适应童年的消逝。

---

[1] 毁灭性的武器指核武器。——译者注

自由主义的传统，或者，如"道德多数组织"轻蔑地称呼的"世俗的人道主义"，在这个问题上所做的贡献少得可怜。例如，在反对经济上抵制电视赞助商时，民间自由论者采取的是一个奇特的立场。他们认为，与其让维多利亚女王时代的道德标准来控制电视内容，还不如让宝洁公司来控制。无论如何，就政治哲学对文化变迁的影响能力来说，自由主义传统往往鼓励童年的消亡，慷慨大方地接受一切现代的东西，因而也相应地敌视一切设法"使时钟倒走"的行为。但是，在有些情况下，时钟本身是错的。"道德多数组织"可以提醒世人，这个世界曾经对儿童热情友好，并感到对儿童的未来负有重大的责任。我认为，我们虽然不赞同"道德多数组织"的傲慢自大，但借用他们的一些历史回忆总是可以的。

有没有一种传播技术具备某种潜能，足以保持童年存在的需要？

唯一具备这种能力的技术是电脑。为了设计电脑编程，人们基本上必须学习一种语言。这意味着人们必须掌握复杂的分析技能，类似于一个完全有文化的人需要具备的技能。这就要求进行特殊的训练。如果人人都需要了解电脑如何运作，如何将它们的世界观强加于我们，如何改变我们对判断的定义，也就是说，如果一个全球性的电脑文化被视为必需，那么，可以想见，年轻人的教育会变得非常重要,年轻人的文化必须与成人文化不同的想法也会被保存下来。但是,这样的发展有赖于许多不同的因素。媒介本身所具备的潜在结果,也可能由于媒介的使用方法而变得不起作用。例如,广播电台本质上有扩大和颂扬人类语言的力量和诗意,世界上有些地方正是利用广播电台发挥这种功能。在美国,部分是由于电视竞争的结果,广播电台已不过是音乐行业的附属物而已。于是,其结果虽然维持了说话能力,但至于成熟的语言,除了了不起的全国公共广播电台之外,几乎完全从无线电波中消失了。因此,利用电脑来推动平民百姓进行有序的、逻辑的和复杂的思维,也并不是必然的。举例来说,如果让大部分半文盲的百姓用电脑上的视觉游戏来自娱自乐,让百姓使用电脑并被电脑利用,却无须理解其中的所以然,这样可能更符合某些经济和政治的利益。如此,电脑就会保持神秘莫测,为官僚精英人士所控制。教育年轻人也完全没必要。于是,童年可以没有任何障碍地继续它通往被淹没的旅程。

有没有任何社会机构足够强大,并全心全意地抵制童年消亡的现象?

只有两个机构对这个问题感兴趣:一个是家庭,另一个是学校。如前所述,家庭的结构和权威已经受到严重的削弱,因为家长对年轻人所接触的信息环境完全失去了控制。玛格丽特·米德曾把电视比作"第二家长"。她这么说,是指我们的孩子在电视机前所花的时间,确实要比和他们的父亲在一起的时间多。这么算来,父亲可能是"第四或第五家长",落在了电视、唱片、广播和电影之后。实际上,拜尔电话公司在家长的价值日趋下降的驱动下,居然厚颜无耻地鼓励父亲使用"故事专线"(Dial-a-Story),以此来替代他们亲自讲故事给孩子们听。无论如何,很显然,媒介已经削弱了家庭在塑造年轻人的价值观和情感发展上的作用。

除此以外,也许由于媒介控制的天地越来越大,许多家长对自己抚养孩子的能力丧失了信心,因为他们相信自己在养育孩子方面的知识和直觉是不可靠的。结果,他们不但不抵制媒介的影响,反而去向那些被认为懂得如何对孩子最好的专家求教。因此,心理学家、社会工作者、指导顾问、教师和其他一些代表公共机构观点的人士侵占了家长权威的大片领域,而且这大多是受到家长邀请的。这意味着传统上以亲密、依赖和忠诚为特点的亲子关系因此而丧失。诚然,现在有些人相信亲子关系主要是神经质的,相信社会公共机构要比家庭能更好地为儿童服务。

对家庭的威力更具破坏力的是妇女解放运动。在这一点上,为了不使自己被误解,我要立刻说明,将妇女从有限的社会角色中解放出来,是技术革命真正人道的一个结果,应当受到一切有知识的人民的支持。但是,无可否认的是,由于妇女在商业、艺术、工业和各种职业中发现了自己的位置,传统意义上的育儿形式所具有的优点和意义，也一定会发生严重的衰退。无论人们对把妇女看作专门的养育者有什么样的批评，事实上，正是妇女，也只有妇女，才是童年的监督人，她们始终在塑造童年和保护童年。让男人抚养孩子的说法无论多么有道理，男人不可能在抚养孩子方面承担任何妇女所扮演的并依然在扮演的角色。因此，当父母双方都走向社会时，儿童就变得有些累赘了，而且，人们越来越认为童年结束得越早越好。所有这一切综合起来表明，除非社会发生180度的大转弯，美国家庭不会起来强烈反对童年的萎缩，直至瓦解。

至于学校，它是所剩的唯一一个承认儿童和成人有重要的不同，成人拥有有价值的东西可以教给儿童的社会公共机构。由于这个原因，孩子气的乐观主义者依然著书立说，向教育者提出如何进行教育，尤其是如何寻求保存活动的建议。但是，学校的权威日益下降，已经有很好的引证。在一个经历了剧烈变化的传播结构里，引用麦克卢汉的话就是，学校已变成了禁闭场所，而不是学习场所。当然，教育者对于应该如何对待儿童是感到困惑的。例如，当教授文化知识变得越来越困难的时候，教育者甚至对这一古老而受尊重的工作也丧失了热情，不知道是否应该将它彻底抛弃。再举一个例子，同样令人沮丧：在一些学校，只有十一二岁的小孩子就已经给自己加上了所谓"职业培训"的课程，这显然表明了微型成人的重新出现。很显然，学校能够有力地反映社会趋势，却不大能够引导社会趋势。至于在反对社会趋势方面，学校几近无能为力。

不过，学校作为识字文化的产物，不会轻易参与攻击家长的地位。无论学校的努力多么微不足道，学校将以这样或那样的形式成为防止童年消逝的最后一道防线。

不消说，到了一定的时候，当所有的教师和行政人员自己都成了电视时代的产物时，无论抵制曾是多么有力，这时候抵制不仅会失去它的力量，而且抵制的意义将会被遗忘。

在抵制时下所发生的一切时，个人完全无能为力吗？

对这个问题的答案，依我之见，是"非也"。但是，如同所有的抵制活动一样，那是要付出代价的。具体地说，抵制需要设想父母养育孩子是反叛美国文化。例如，只要父母保持在婚姻中，这本身就是违抗的行为，也是对一个持抛弃态度的文化的侮辱，因为在这样的文化中，持续性是没有意义的。跟自己的父母、亲戚住得很近，这样，孩子们可以日日感受血缘的意义，以及对长辈尊敬和责任的价值，这也至少是90%的非美国人的做法。同样地，坚持要孩子们学习延迟满足感的磨炼或性行为上的谨慎，或举止、语言和风格上的自我约束，就是把自己放在几乎与一切社会潮流相对立的地位。而且，要保证孩子们努力学习，成为识字有文化的人，出奇地耗费时间，甚至代价昂贵。然而，最具反叛意义的是努力控制子女接触媒介的机会。事实上，要这么做有两种方法：一是限制子女暴露在媒介前的时间；二是仔细监督子女接触的媒介的内容，并持续为他们提供有关媒介内容的主题和价值方面的批评。要做到这两点绝非易事。而且，这么做，需要家长在抚养子女方面付出极大的关注，这是多数家长都不准备做的。

不过，还是有一些家长坚定不移地做这些事。他们实际上是在公然蔑视他们文化的指令。这样的家长不只是在帮助他们的孩子拥有一个童年，而且同时是在创造某种知识精英。当然，短期来看，在这样的家庭里长大的孩子，一旦成人，会很受商业界、专业领域和媒介本身的欢迎。长远来看，我们能说什么呢？只有这一点：抵制这个时代的精神的家长将促成一个所谓"寺院效应"（the Monastery Effect），因为他们在帮助延续人道传统的存在。我们的文化会忘记它需要儿童的存在，这是不可想象的。但是，它已经快要忘记儿童需要童年了。那些坚持记住童年的人将完成一个崇高的使命。

参考文献

阿里耶斯，Ariès, Philippe. *Centuries of Childhood*, trans. By Robert Baldrick. New York: Random House, Vintage Books, 1962。

阿恩海姆，Arnheim, Rudolf. *Film As Art*. Berkeley: University of California Press, 1957。

巴兰库，Barincou, Edmond. *Machiavelli*. Westport, Conn.: Greenwood Press, 1975。

罗兰·巴特，Barthes, Roland. *Mythologies*, trans. By Annette Lavers. New York: Hill & Wang, 1977。

贝特尔海姆，Bettelheim, Bruno. *The Uses of Enchantment: The Meaning and Importance of Fairy Tales*. New York: Alfred A. Knopf, 1976。

布尔斯廷，Boorstin, Daniel J. *The Image*. New York: Harper & Row, Colophon Books, 1961。

布尔斯廷，*The Republic of Technology*. New York: Harper & Row, 1978。

伯克，Burke, James. *Connections*. Boston: Little, Brown & Company, 1978。

巴特勒，Butler, Pierce. *Origin of Printing in Europe*. Chicago: University of Chicago Press, 1940。

蔡特，Chaytor, H. J. *From Script to Print*. Cambridge, England: The University Press, 1945。

考利，Cowley, Robert. "Their Work Is Child's Play." *Horizon*, Vol.

13, No. 1, Winter 1971。

德莫塞, deMause, Lloyd. "The Evolution of Childhood," in Lloyd deMause, ed., *The History of Childhood*. New York: The Psychohistory Press, 1974。

杜威, Dewey, John. *The School and Society*. Chicago: University of Chicago Press, 1899。

东泽洛, Donzelot, Jacques. *The Policing of the Family*. New York: Pantheon Books, 1979。

杜布莱, Du Boulay, F. R. H. *An Age of Ambition: English Society in the Late Middle Ages*. New York: Viking Press, 1970。

爱森斯坦, Eisenstein, Elizabeth. *The Printing Press As an Agent of Change*. Cambridge, England: Cambridge University Press, 1979。

埃利亚斯, Elias, Norbert. *The civilizing Process: The History of Manners*. New York: Urizen Books, 1978。

法森, Farson, Richard. *Birthrights*. New York: Macmillan, 1974。

吉尔摩, Gilmore, Myron. *The World of Humanism*. New York: Harper & Brothers, 1952。

然佩尔, Gimpel, Jean. *The Medieval Machine*. New York: Holt, Rinehart & Winston, 1976。

哈夫洛克, Havelock, Eric. *Origins of Western Literacy*. Toronto: Ontario Institute for Studies in Education, 1976。

哈夫洛克, "The Coming of Literate Communication to Western Culture." *Journal of Communication*, Winter 1980。

海尔布隆纳, Heilbroner, Robert. "The Demand for the Supply Side." *The New York Review of Books*, Vol. 28, No. 10, June 11, 1981。

霍尔特, Holt, John. *Escape from Childhood*. New York: Ballantine

Books, 1976。

伊利克, Illick, Joseph. "Child Rearing in Seventeenth Century England and America," in Lloyd deMause, ed., *The history of Childhood*. New York: The Psychohistory Press, 1974。

兰格, Langer, Susanne K. *Feeling and Form*. New York: Charles Scribner's Sons, 1953。

拉希, Lasch, Christopher. *Haven in a Heartless World: The Family Besieged*. New York: Basic Books, 1977。

洛温塔尔, Lowenthal, Leo. *Literature and the Image of Man*. Boston: Beacon Press, 1957。

曼凯维奇, Mankiewicz, Frank, and Joel Swerdlow, *Remote Control*. New York: Ballantine Books, 1979。

马丁, Martin, Leonide. *Health Care of Women*. New York: J. B. Lippincott Company, 1978。

马斯尼科, Masnick, George, and Mary Jo Bane. *The Nation's Families: 1960 -1990*. Boston: Auburn House, 1980。

麦克卢汉, McLuhan, Marshall. *The Gutenberg Galaxy: The Making of Typographic Man*. Toronto: University of Toronto Press, 1962。

米德, Mead, Margaret. *Culture and Commitment: A Study of the Generation Gap*. Garden City, N. Y.: Doubleday & Co., 1970。

芒福德, Mumford, Lewis. *Technics and Civilization*. New York: Harcourt, Brace & World, 1934。

佩恩, Payne, George Henry. *The Child in Human Progress*. New York and London: G. P. Putnam's Sons, 1916。

平奇贝克, Pinchbeck, Ivy, and Margaret Hewitt. *Children in English Society, Volume Ⅰ: From Tudor Times to the Eighteenth Century*. Toronto:

University of Toronto Press, 1969。

平奇贝克, *Children in English Society*, Volume Ⅱ: *From the Eighteenth Century to the Children Act of 1948*. Toronto: University of Toronto Press, 1973。

普拉姆, Plumb, J. H. "The Great Change in Children." *Horizon*, Vol. 13, No. 1, Winter 1971。

波兹曼, Postman, Neil. *Teaching As a Conserving Activity*. New York: Delacorte Press, 1979。

萨洛蒙, Salomon, Gavriel. *The Interaction of Media, Cognition, and Learning*. San Francisco: Jossey-Bass, 1979。

森尼特, Sennett, Richard. *The Fall of Public Man*. New York: Random House, Vintage Books, 1978。

辛格, Singer, Dorothy G., Jerome L. Singer, and Diana M. Zuckerman. *Teaching Television: How to Use TV to Your Child's Advantage*. New York: The Dial Press, 1981。

斯坦伯格, Steinberg, Sigfrid H. *Five Hundred Years of Printing*. Baltimore: Penguin Books, 1974。

斯通, Stone, Lawrence. "The Educational Revolution in England, 1500 – 1640." *Past and Present*, No. 28, July 1964。

斯通, "Literacy and Education in England, 1640 – 1900." *Past and Present*, No. 42, February 1969。

泰勒, Taylor, Isaac. *The History of the Alphabet*. New York: E. P. Dutton & Co., 1974。

塔奇曼, Tuchman, Barbara W. *A Distant Mirror*. New York: Alfred A. Knopf, 1978。

塔克尔, Tucker, M. J. "The Child as Beginning and End: Fifteenth and Sixteenth Century English Childhood," in Lloyd deMause, ed., *The History of Childhood. New York: The Psychohistory Press, 1974。

沃尔泽, Walzer, John F. "A Period of Ambivalence: Eighteenth-Century American Childhood," in Lloyd deMause, ed. , The History of Childhood. New York: The Psychohistory Press, 1974。

怀特, White, Lynn, Jr. Medieval Technology and Social Change. London: Clarendon Press, 1962。

维什, Wishy, Bernard. The Child and the Republic. Philadelphia: University of Pennsylvania Press, 1968。

译名对照表

美国动物保护协会　American Society for the Prevention of Cruelty to Animals
安德森　Anderson, Daniel
安德森　Anderson, John
阿伦提诺　Arentino, Pietro
阿里耶斯　Ariès, Philippe,
　　《儿童的世纪》Centuries of Childhood
亚里士多德　Aristotle
阿恩海姆　Arnheim, Rudolf
阿西莫夫　Asimov, Isaac
美联社　Associated Press
圣奥古斯丁　Augustine, Saint,
　　《忏悔录》Confessions
奥斯汀　Austin, Tracy
阿兹特克人　Aztecs

培根　Bacon, Francis,
　　《论学习》Advancement of Learning
巴杰拉尔多　Bagellardo, Paolo
贝克　Baker, Russell
巴特　Barthes, Roland
"小猎犬号"　Beagle（船）

《在那里》 *Being There*（电影）

贝尔电话公司 Bell Telephone

伯恩斯坦 Bernstein, Jeremy

贝特尔海姆 Bettelheim, Bruno,

 《童话的用处》 *The Uses of Enchantment*

《圣经》 *Bible*

《人权法案》 *Bill of Rights*

布莱辛顿 Blessington, Jack

《青春珊瑚岛》 *Blue Lagoon, The*（电影）

布鲁姆 Blume, Judy

圣文德 Bonaventura, Saint

布尔斯廷 Boorstin, Daniel,

 《图像》 *The Image*

博尔丁 Boulding, Kenneth,

 《20世纪的意义》 *The Meaning of the Twentieth Century*

布拉赫 Brahe, Tycho

勃鲁盖尔 Brueghel, Pieter

布罗考 Brokaw, Tom

布洛诺夫斯基 Bronowski, Jacob,

《人之上升》 *The Ascent of Man*

布鲁纳 Bruner, Jerome

《龙蛇小霸王》 *Bugsy Malone*（电影）

汉堡王 Burger King

卡尔文主义 Calvinism

凯里 Carey, James

《魔女嘉莉》 *Carrie*（电影）

卡罗尔 Carroll, Lewis

卡特 Carter, Jimmy

查理·马特 Charles Martel

切斯特顿 Chesterton, G. K.

儿童权力运动 Children's Rights Movement

契尔曼 Chilman, Catherine

克利弗 Cleaver, Robert,

《虔诚的家庭管理》 *A Godly Form of Household Government*

科尔曼 Coleman, Gary

库根 Coogan, Jackie

库珀 Cooper, Jackie

哥白尼 Copernicus,

《天体运行论》 *De Revolutionibus*

《法典大权》 *Corpus Juris*

《宇宙》 *Cosmos*（电视节目）

科斯特 Coster, Laurens

康茨 Counts, George

克雷明 Cremin, Lawrence,

《学校的转型》 *The Transformation of the School*

戴姆拉尔 Damerall, Reginald

达尔文 Darwin, Charles,

《物种起源》 *The Origin of Species*

笛福 Defoe, Daniel, *Robinson Crusoe*

德莫塞 deMause, Lloyd

笛卡儿 Descartes, Rene

杜威 Dewey, John,

《学校与社会》 *The School and Society*

"故事专线" "Dial-A-Story"

狄更斯　Dickens, Charles
狄德罗　Diderot, Denis
迪士尼　Disney, Walt
多德　Dod, John,
　　《虔诚的家庭管理》*A Godly Form of Household Government*
多纳休　Donahue, Phil
杜布莱　Du Boulay, F. R. H.
《爱丁堡评论》*Edinburgh Review*
爱森斯坦　Eisenstein, Elizabeth,
　　《作为变革动因的印刷机》*The Printing Press As an Agent of Change*
埃利亚斯　Elias, Norbert,
　　《文明的进程》*The Civilizing Process*
埃勒尔　Ellul, Jacques,
　　《科技社会》*The Technological Society*
《无尽的爱》*Endless Love*（电影）
爱泼斯坦　Epstein, Edward
伊拉斯谟　Erasmus,
　　《箴言》*Colloquies*
　　《论男孩子的礼仪》*De Civilitate Morium Puerilium*
　　《避难所》*Diversoria*
　　《新约全书》*New Testament*
埃里克松　Erikson, Erik
欧几里得　Euclid
《驱魔人》*Exocist, The*（电影）

法森　Farson, Richard,
　　《与生俱来的权力》*Birthrights*
《爸爸本事大》*Father Knows Best*（电视连续剧）

联邦调查局　FBI

菲尔兹　Fields, W. C.

长老会信纲　First Presbyterian Book of Discipline

弗洛曼　Florman, Samuel

福特　Ford, Gerald

福里斯特　Forrest, William

弗兰肯斯坦综合征　Frankenstein Syndrome

弗洛伊德　Freud, Sigmund,

　《梦的解析》 *The Interpretation of Dreams*

弗罗本　Froben, Johann

福禄培尔　Froebel, Friedrich

富勒　Fuller, Buckminster

宗教极端主义运动　Fundamentalist movement

富斯特　Fust, Johann

庚斯博罗　Gainsborough, Thomas,《蓝衣少年》 "*Blue Boy*"

伽利略　Galileo

格塞尔　Gesell, Arnold

吉本　Gibbon, Edward

吉尔摩　Gilmore, Myron,《人道主义的世界》 *The World of Humanism*

歌德　Goethe, Johann Wolfgang von

戈登森　Goldenson, Leonard H.

古德　Gooder, Sarah

戈登暴乱　Gordon Riots

古登堡　Gutenberg, Johann

哈维　Harvey, William

哈夫洛克　Havelock, Eric,
　　《西方文化的起源》 *Origins of Western Literacy*
海尔布隆纳　Heilbroner, Robert
希罗多德　Herodotus
休伊特　Hewitt, Margaret
霍尔特　Holt, John,
　　《逃离童年》 *Escape from Childhood*
霍妮　Horney, Karen
休谟　Hume, David
赫胥黎　Huxley, Aldous

伊里奇　Illich, Ivan,
　　《非学校化社会》 *Deschooling Society*
英尼斯　Innis, Harold

杰克逊　Jackson, Andrew
巨人杀手杰克　Jack the Giant Killer
詹森　Jenson Nicolas
耶稣会　Jesuits
乔丹　Jordan, W. K.
乔伊斯　Joyce, James

康德　Kant, Immanuel
坎特纳　Kantner, John
凯　Kay, Joseph
肯德尔　Kendall, Amos
开普勒　Kepler, Johannes
凯斯特勒　Koestler, Arthur

科尔伯格　Kohlberg, Lawrence
克兰兹伯格　Kranzberg, Melvin

拉希　Lasch, Christopher
《拉芙妮与雪莉》 *Laverne & Shirley*（电视连续剧）
《反斗小宝贝》 *Leave It to Beaver*（电视连续剧）
列侬　Lennon, John
《小可爱》 *Little Darlings*（电影）
少年棒球联合会　Little League Baseball Association
《小淘气》 *Little Rascals movies*
《情定日落桥》 *Little Romance, A*（电影）
洛克　Locke, John,
　　《教育漫话》 *Some Thoughts concerning Education*
路易十五　Louis XV
洛文塔尔　Lowenthal, Leo
路德　Luther, Martin
利库尔戈斯　Lycurgus
利利　Lyly, John,
　　《拉丁语法》 *Latin Grammar*

马基雅维利　Machiavelli, Niccolo,
　　《头十年》 *First Decennale*
麦迪逊　Madison, James
梅勒　Mailer, Norman,
　　《自我宣传》 *Advertisements of Myself*
《美因茨的诗篇》 *Mainz Psalter*
曼　Mann, Horace
马努提乌斯　Manutius, Aldus

安　　Martin, Ann

马克思　Marx, Karl

麦当劳　McDonald's

麦克卢汉　McLuhan, Marshall,

　　《理解媒介》 *Understanding Media*

米德　Mead, Margaret,

　　《文化与承诺》 *Culture and Commitment*

梅罗维茨　Meyrowitz, Josh

米勒　Miller, Henry,

　　《北回归线》 *Tropic of Cancer*

蒙田　Montaigne, Michel Eyquem de

蒙台梭利　Montessori, Maria

道德多数派　Moral Majority

莫尔　More, Sir Thomas,

　　《乌托邦》 *Utopia*

莫尔斯　Morse, Samuel F. B.

芒福德　Munford, Lewis,

　　《机器之谜》 *The Myth of the Machine*

纳德　Nader, Ralph,

　　《任何速度都不安全》 *Unsafe at Any Speed*

全国健康统计中心　National Center for Health Statistics

全国受虐待儿童中心　National Center on Child Abuse and Neglect

全国教育协会　National Education Association

全国滥用酒精和酗酒研究所　National Institute on Alcohol Abuse and Alcoholism

全国公共广播电台　National Public Radio

尼尔　Neill, A. S.

纽伯里　Newbery, John

纽科比　Newcombe, John

纽约儿童保护协会　New York Society for the Prevention of Cruelty to Children

纽约上诉法庭　New York State Court of Appeals

《纽约时报》 *New York Times*, The

《尼尔森报告》 *Nielsen Reports*

尼克松　Nixon, Richard

尼斯纯　Nystrom, Christine

奥布莱恩　O'Brien, Margaret

《单身公寓》 *Odd Couple*, The（电视连续剧）

《凶兆》 *Omen*, The（电影）

奥佩　Opie, Iona

奥威尔　Orwell, George

潘恩　Paine, Thomas

《纸月亮》 *Paper Moon*（电影）

小选手橄榄球队　Pee Wee football

裴斯泰洛齐　Pestalozzi, Johann

费尔　Phaire, Thomas,

　　《儿童之书》 *The Boke of Chyldren*

皮亚杰　Piaget, Jean

平奇贝克　Pinchbeck, Ivy

柏拉图　Plato,

　　《斐多篇》 *Phaedrus*

　　《普罗泰戈拉》 *Protagoras*

普拉姆　Plumb, J. H.

译名对照表／213

普鲁塔克　Plutarch,
　　《希腊罗马名人传》Lives

《艳娃传》Pretty Baby（电影）

昆体良　Quintilian

拉伯雷　Rabelais, Francois,
　　《巨人传》Gargantua et Pantagruel
《夺宝奇兵》Raiders of the Lost Ark（电影）
雷纳　Raynald, Thomas
里根　Reagan, Ronald
《雷克斯·亨巴德和他的一家》Rex Humbard and His Family（电视连续剧）
理查森　Richardson, Samuel
卢梭　Rousseau,《爱弥儿》Emile
拉特兰郡　Rutland

萨根　Sagan, Carl
沙逊　Sassoon, Vidal
塞尔温　Selwyn, George
《芝麻街》Sesame Street
莎士比亚　Shakespeare, William,
　　《皆大欢喜》As You Like It
　　《亨利六世》Henry VI, Part II
肖　Shaw, George Bernard
希尔兹　Shields, Brooke
舍费尔　Shoeffer, Peter
西格尔　Siegel, Stanley

辛格　Singer, Jerome and Dorothy

《白雪公主和七个小矮人》Snow White and Seven Dwarfs（电影）

儿童本性研究协会　Society for the Study of Child Nature

苏格拉底　Socrates

斯塔基　Starkey, Thomas,

　　《对话》Dialogue

斯通　Stone, Lawrence

施特劳斯　Strauss, Gerald

54工作室　Studio 54

沙利文　Sullivan, Harry Stack

"苏利号"　Sully（船）

《朝阳学校》Sunrise Semester（电视连续剧）

《超人2》Superman II（电影）

斯温　Swain, William

《人猿泰山》Tarzan, the Ape Man（电影）

泰勒　Taylor, Isaac,《字母的历史》The History of the Alphabet

邓波儿　Temple, Shirley

梭罗　Thoreau, Henry David

托克维尔　Tocqueville, Alexis de

托夫勒　Toffler, Alvin

塔奇曼　Tuchman, Barbara

吐温　Twain, Mark,

　　《哈克贝利·费恩历险记》The Adventures of Huckleberry Finn

维萨里　Vesalius, Andreas

　　《人体的构造》De Fabrica

伏尔泰　Voltaire

沃丁顿　Waddington, C. H.
瓦格纳　Wagner, Richard,
　　《齐格弗里德》Siegfried
　　《沃尔特·克朗凯特的宇宙》Walter Cronkite's Universe（电视连续剧）
哥伦比亚广播公司的纽约电视台　WCBS
魏泽鲍姆　Weisenbaum, Joseph,
　　《计算机威力与人类理性》Computer Power and Human Reason
怀特　White, Lynn, Jr.
维纳　Wiener, Norbert,
　　《人有人的用处》The Human Use of Human Beings
温布尔顿网球锦标赛　Wimbledon tennis tournaments
全国广播公司的纽约电视台　WNBC
华兹华斯　Wordsworth, William

色诺芬　Xenophon

《年轻的生命》Young Lives（电视连续剧）
泽尔尼克　Zelnick, Melvin